OS MONSTROS NO SEU CÉREBRO

Katherine Speller
Ilustrações de Harshad Marathe

OS MONSTROS NO SEU CÉREBRO

Como Entender e Conviver com a ANSIEDADE e a DEPRESSÃO

Tradução
Mirtes Frange de Oliveira Pinheiro

Editora Cultrix
SÃO PAULO

Título do original: *The Beasts in Your Brain.*

Publicado mediante acordo com Zest Books, um selo da Lerner Publishing Group, INC, 241 First Avenue North, Minneapolis, Minnesota – 55401, USA.

1ª edição 2025.

Editor: Adilson Silva Ramachandra
Gerente editorial: Roseli de S. Ferraz
Preparação de originais: Carolina I. Camargo
Gerente de produção editorial: Indiara Faria Kayo
Consultoria técnica: Verbenna Yin
Editoração eletrônica: Join Bureau
Revisão: Erika Alonso

Dados Internacionais de Catalogação na Publicação (CIP)
(Câmara Brasileira do Livro, SP, Brasil)

Speller, Katherine
Os monstros no seu cérebro: como entender e conviver com a ansiedade e a depressão / Katherine Speller; ilustrações de Harshad Marathe; tradução Mirtes Frange de Oliveira Pinheiro. – 1. ed. – São Paulo: Editora Cultrix, 2025.

Título original: The beasts in your brain
ISBN 978-65-5736-396-6

1. Ansiedade 2. Depressão I. Marathe, Harshad. II. Título.

25-281090 CDD-152.46

Índices para catálogo sistemático:
1. Ansiedade: Psicologia 152.46
Cibele Maria Dias – Bibliotecária – CRB-8/9427

Direitos de tradução para o Brasil adquiridos com exclusividade
pela EDITORA PENSAMENTO-CULTRIX LTDA., que se reserva a
propriedade literária desta tradução.
Rua Dr. Mário Vicente, 368 – 04270-000 – São Paulo, SP – Fone: (11) 2066-9000
http://www.editoracultrix.com.br
E-mail: atendimento@editoracultrix.com.br
Foi feito o depósito legal.

NOTA DA EDITORA

Durante o processo de tradução deste livro houve a preocupação por parte da tradutora, e da nossa editora, em fazer adaptações sobre as indicações da autora dos mecanismos de ajuda voltados a adolescentes e jovens em casos de necessidade imediata de atendimento. Como o texto original só contemplava instituições dos Estados Unidos, foram acrescidas informações similares brasileiras no anexo sobre INFORMAÇÕES ADICIONAIS. Dessa forma, o texto foi adaptado com informações sobre ONGs e instituições (governamentais ou não) que oferecem serviços e programas de saúde mental gratuitamente em nosso país.

Para todos aqueles que já se sentiram
como um cérebro em conserva
dentro de um pote de vidro.

Sumário

INTRODUÇÃO

Dando um Nome a Esse Sentimento

Comecei a escrever, a pesquisar e a falar com as pessoas para a elaboração deste livro em 2019.

Não vou mentir, essa frase parece uma piada agora. Sinto como se tivesse envelhecido mil anos. Minhas costas doem em lugares que antes não doíam. Vocês ficaram mais altos nesse meio-tempo?

Em 2019, o bem-estar mental dos jovens *já estava* em crise. Isso era mais do que suficiente para mim como jornalista, que teve problemas de saúde mental na adolescência e ainda os enfrenta hoje na idade adulta. Venho conversando com alunos do ensino fundamental, médio e superior a respeito de como está o cérebro deles (resposta: nada bem!) desde a época em que trabalhava na MTV, em 2015, até o meu trabalho atual de redatora da seção de saúde de um portal sobre criação de filhos. Portanto, de certa forma, eu tinha uma noção, pessoal e profissional, de que já há muito tempo a saúde mental dos adolescentes não andava lá essas coisas.

Os conflitos da sociedade – em relação a questões de etnia, classe social, gênero, sexualidade, enormes desigualdades sociais e insatisfação geral – têm um grande impacto na mente de jovens que estão diante de um futuro econômico incerto (se não distópico), de inação perante uma crise climática cada vez pior e de frequentes tiroteios em massa contra seus pares, e que são a primeira geração a conviver com a tecnologia onipresente (que talvez esteja nos transformando em ciborgues furiosos com pouca capacidade de controlar a própria ira em relação a uma postagem infeliz e uma necessidade imensa de gerar conteúdo de tudo o que publicamos nas redes sociais). Esses e outros fatores ambientais não favorecem a saúde mental, física ou espiritual.

Portanto, a saúde mental dos adolescentes já estava muito ruim. E, então, em 2020 caiu uma bomba sobre todos nós: a pandemia de covid-19. Um ano depois, os maiores especialistas em saúde de crianças e adolescentes declararam situação de emergência na saúde mental dos jovens.

A presidente da American Academy of Pediatrics (Academia Americana de Pediatria) à época, Lee Savio Beers, disse: "Os jovens sofreram muito durante essa pandemia, e, embora grande parte da atenção recaia sobre as consequências na saúde física, não podemos ignorar a crise crescente de saúde mental que os pacientes enfrentam".[1] Ela conclamou os legisladores a agirem porque "temos de tratar essa crise de saúde mental como a emergência que ela representa".

No início de 2022, a dra. Anisha Patel-Dunn, psiquiatra e diretora médica da LifeStance Health, disse-me o seguinte:

> Temos visto um aumento significativo de todos os problemas de saúde mental – e ansiedade e depressão são

> apenas os mais proeminentes. Com base em pandemias e circunstâncias de grande tensão ao longo da história, não é nenhum exagero afirmar que essa situação permanecerá por muito tempo e que precisamos nos debruçar sobre ela. Temos de reconhecer que se trata de uma evolução: os adultos jovens foram fortemente impactados, e haverá consequências no longo prazo. As crianças são resilientes, portanto não quero ser pessimista; mas também quero ser realista em relação ao fato de que esta é uma crise que vai perdurar por muito tempo uma vez passados os efeitos físicos da pandemia.[2]

Em 2019, não tínhamos noção do que esses dolorosos anos de pandemia poderiam significar – aulas virtuais, distanciamento social, uso de máscara (ou pessoas que ficavam furiosas com quem se recusava a usá-la), perda de emprego de pais e cuidadores e os desafios diários de ter de pensar na própria saúde e na dos entes queridos antes de correr o "risco" de encontrar os amigos ou ir ao supermercado. Não encontrei em nenhum estudo, entrevista ou artigo que li, nem nas inúmeras conversas que tive, algo que ajudasse a dar sentido à perda de pais, avós ou até mesmo amigos por parte dos adolescentes em consequência de um vírus sob essas complexas circunstâncias confluentes. Não havia palavras bonitas que pudessem oferecer conforto à dor bastante específica de perder o baile de formatura, a última temporada de hóquei sobre grama ou a viagem de fim de curso. Você achava que não tinha o direito de ficar triste porque ninguém que conhecia tinha morrido de covid-19. Não havia como escapar do medo e da dor que todos sentiam, uma vez que a tela que o conectava a toda essa dor também era a escola, sua principal fonte de interação humana fora de casa e, muitas vezes, seu despertador. É, bons tempos.

É dificílimo lidar com tudo isso, mesmo para os adultos que o cercam. Já é bem difícil ser um adolescente em circunstâncias "normais". Graças à divertida fase da puberdade, o cérebro e o corpo passam por todo tipo de mudanças que o fazem se sentir, ao mesmo tempo, estranho e incrível, bem e mal. As coisas que os adultos exigem de você em casa e na escola são, de certo modo, mais opressivas e intensas do que tudo o que você provavelmente enfrentará na idade adulta (na verdade, ninguém nos pede para memorizar nada); porém, você não tem a mesma independência que os adultos. Se adicionarmos a pandemia, essa coisa terrível que aconteceu na vida de todos, bem como o sofrimento, a confusão e as incógnitas que ela trouxe consigo, aí tudo muda de figura. Usando uma expressão que ninguém quer ler de novo, é algo *sem precedentes.*

Conversei com muitos especialistas a respeito da pandemia, nosso chamado "novo normal", e o que pode significar para o cérebro do adolescente. Uma das melhores conversas que tive, a qual nunca esqueci, foi com uma médica que tinha filhos adolescentes. Ela me disse que uma das melhores coisas que os adultos podem fazer para oferecer apoio aos adolescentes que vivenciaram a pandemia é deixar de lado a ideia de que podemos, de fato, "entender" o que vocês passaram. Outros especialistas com quem falei compartilham da mesma opinião.

Percebi que em uma tragédia global como essa, que ocorre uma vez a cada geração, nós, adultos, *podemos* alongar ao máximo nossos músculos de empatia. Mas jamais poderemos *estar na pele* do adolescente de 14 anos que cursou o primeiro ano do ensino médio por meio de videoconferência, nem do estudante universitário que deixou a faculdade na metade do segundo ano na crença de que o "isolamento" duraria apenas algumas semanas ou do aluno de último ano do ensino médio que não pôde sair com os amigos para comemorar a formatura. Sabemos que estão sofrendo. Podemos ouvi-los, apoiá-los e fazer tudo o que pudermos para orientá-los, mas as coisas que cada um de vocês viveu são únicas, assim como seus sentimentos e suas reações a elas.

Os jovens que estão lendo este livro precisam saber que não estão sendo egocêntricos nem dramáticos, tampouco fazendo tempestade em um copo d'água quando pensam: "Nossa! É *demais* para mim!", ou quando veem com certa tristeza as experiências que moldaram seu histórico de saúde mental. Você não precisa disfarçar e fingir que não é difícil. A dor, a confusão e a tristeza que está sentindo são bem reais.

Mesmo que os adultos ao redor saibam que as coisas não são fáceis para você – mesmo que o ame e queiram seu bem –, ainda assim podem ser extremamente desajeitados, negligentes ou "míopes" na hora de tentar ajudá-lo a enfrentar as dificuldades. Eles lhe dirão para ser resiliente e aprender a lidar com situações hostis, assustadoras e, por vezes, traumáticas. A resiliência o ajudará a se transformar na pessoa que deseja ser, apesar de tudo pelo que teve de passar. Vamos fazer o possível para ser resilientes, nos recuperar e transformar este mundo no tipo de lugar em que vocês, jovens, poderão se curar, crescer e seguir em frente para ter as experiências que merecem. E vamos fazer isso juntos.

Apesar de querer compreender o que os jovens estão vivendo, não vou fingir que conheço a fundo a história de cada um ou que sinto o mesmo que sentem, pois isso de nada serviria para nenhuma das partes, e ninguém tem tempo para isso. Seria desonesto e superficial agir assim. Mas posso oferecer um pouquinho do que sei com base em minha própria história – e todo o conhecimento que umas poucas pessoas sábias e humanas compartilharam comigo – a fim de fornecer algumas ferramentas para cuidar do seu cérebro agora e no futuro incerto e desconhecido. (Não se preocupe, não entrarei em detalhes perturbadores. Este é o primeiro conselho profissional para alguém que cresce com problemas de saúde mental: ao falar de seus problemas com outras pessoas que não sejam médicos ou seus pais, sua privacidade, sua comodidade e seus limites são mais importantes que detalhes pessoais. Mas tentarei ser sempre honesta, sincera e interessante.)

Quando jovem, eu mesma tive problemas de saúde mental, que me levaram a sofrer de depressão e ansiedade. Lutar contra os monstros em meu cérebro foi uma experiência transformadora, algo que ainda consigo sentir na idade adulta. Ainda sinto meu nervosismo aos 13 anos de idade, quando imaginava todos os motivos pelos quais as pessoas que eu conhecia poderiam me odiar. Ainda me lembro de como me sentia aos 16 anos, quando ficava deprimida e achava que comer biscoitos de água e sal em pé diante do balcão da cozinha era o mesmo que jantar. Sempre sinto os ecos de meus 18 anos toda vez que ligo para o trabalho e digo que estou doente, porque na noite anterior minha mente estava a mil e eu não tinha conseguido dormir bem, e a simples ideia de conversar com pessoas e realizar atividades me deixa cansada. Porém, também consigo me lembrar (em todas as minhas infinitas versões) da minha capacidade de dar a volta por cima nessas ocasiões, das conversas que tinha com os psicólogos e de quando recorria à minha rede de apoio e expunha meus problemas.

Todas essas minhas versões relutavam em admitir que eu não estava bem quando não estava. Eu não conseguia me sentir “feliz”, "bem" e "normal" como imaginava que meus pais e amigos queriam que fosse (ou como eu queria ser). Sentia-me ainda pior, pois achava que todas as pessoas da minha idade estavam bem, menos eu. Cheguei à conclusão de que devia estar fazendo alguma coisa errada para me sentir sempre tão estressada, cansada e desanimada!

Não é surpresa que tenha levado muito tempo para encontrar palavras capazes de descrever o que sentia: preocupação, estresse, raiva, tristeza e uma sensação ruim de que ia fracassar antes mesmo de tentar alguma coisa. Eu costumava dizer que me sentia como um cérebro em conserva dentro de um pote de vidro – isolado, flutuando. Como se não fizesse parte do meu corpo, do meu círculo de amigos, de minha escola ou da minha vida. Depois de abrigar esses sentimentos por tanto tempo, acabei me convencendo de que ia me sentir assim *para sempre*.

A verdade é que estava tendo minha primeira crise de ansiedade e depressão. E não seria a última.

Mais tarde, entendi o que acontecia em meu cérebro durante essas crises. As situações que eu vivia em casa e na escola, aliadas à minha genética e à atividade (ou não) das substâncias químicas cerebrais, produziam altos e baixos, tornando minha vida muito mais difícil por um dia, uma semana ou um mês.

Compreendo que esses sentimentos não eram causados por alguma coisa que eu tivesse feito. A combinação de química cerebral e situações vividas era um golpe duplo: algo que está incorporado ao meu DNA desde o princípio, combinado com eventos sobre os quais não tinha controle. Sei que não posso fazê-los desaparecer apenas com alguns dias bons ou algumas afirmações positivas (não ria, mas às vezes curto essas coisas). Sei também que não sou capaz de fingir a ponto de enganar os outros, fazendo-os achar que estou bem, e sei que não preciso lidar com todos esses sentimentos sozinha. Hoje, consigo cuidar do meu cérebro, ser gentil comigo mesma e reconhecer as dificuldades que superei. Aprendi a sentir orgulho do trabalho que fiz e a ser muito mais esperançosa em relação ao que ainda tenho que fazer.

Quem dera eu soubesse naquela época, aos 15 anos, que algum dia chegaria a esse ponto e teria esse entendimento. Teria ajudado muito.

PLAYLIST DE SAÚDE MENTAL VOL. 1

CÉREBRO EM UM POTE DE VIDRO

Ao longo deste livro, vamos tratar de alguns temas fortes e abordar todo tipo de sentimento. Por esse motivo, quero fazer algo para ajudá-lo nesta jornada. As músicas são minha linguagem de amor preferida. Meus amigos e eu adoramos fazer seleções de músicas quando estamos passando por um período difícil. Levando em conta que está aqui, você agora é meu amigo, e esta é a sua primeira *playlist* de saúde mental, para quando estiver com a sensação de ser um cérebro dentro de um pote de vidro.

"Vincent" – Don McLean

"Send in the Clowns" – Eleri Ward

"Favor" – Julien Baker

Descobrir bem cedo que sofremos de depressão e ansiedade, e até mesmo ter um diagnóstico, é um grande passo. O fato de saber que não somos os únicos, que não somos um caso perdido, faz maravilhas na hora de combater as vozes perniciosas em nossa cabeça (odeio essas danadas!) que costumam se manifestar nas crises de ansiedade e depressão. Isso ajuda a nos sentir menos sozinhos, menos constrangidos e inadequados. Mas não é a solução milagrosa que torna as

"About Today" – Bartees Strange

"That I Would Be Good" – Alanis Morissette

"That Funny Feeling" – Bo Burnham

"I Wish I Was the Moon" – Neko Case

"Cactus in the Valley" – Lights

"Swimming Pool" – the Front Bottoms

"Frequent Crier" – Future Teens

"24/7" – Kehlani

"Wobbly" – Ezra Furman

"Disappear" – Mazzy Star

coisas mais manejáveis ou faz os problemas desaparecerem. É bom dar nome a essa coisa feia e pesada dentro do nosso peito, que corrói pouco a pouco as partes que ainda sentimos que fazem parte de nós. Mas não basta dar nome ao monstro. Quem dera fosse fácil assim! Esse é apenas o primeiro passo.

Para o restante da batalha, você precisará de muito mais: precisará da sua gente. Eu me refiro às pessoas que sabem mais do que você e eu – médicos, psiquiatras e adultos de confiança –, e também de algumas estratégias de tratamento (que vão desde a aquisição de habilidades de enfrentamento até psicoterapia e uso de medicação). Precisará, ainda, de uma rede de apoio composta de familiares, amigos e todas as pessoas que o amam e se importam com você (inclusive suas partes tempestuosas, ansiosas e animalescas!), pessoas que estão dispostas a ser honestas, amáveis e solidárias quando você não for capaz de fazer isso por si mesmo. Às vezes, elas lhe dirão que faz tempo que você não toma banho ou não come verduras, e um dia você lhes agradecerá por isso.

Acima de tudo, você precisará das partes de si, por mais silenciosas, cansadas e maltratadas que estejam, que acreditam que você merece se sentir melhor, que merece passar os dias fora da cama, sem a sensação avassaladora de ser um cérebro dentro de um pote. Essa sua parte é a minha preferida. Ela é robusta, resiliente e correta. E garanto que é muito mais forte do que você imagina e, sem dúvida alguma, muito mais forte que os sentimentos com os quais está se debatendo.

A sua luta será diferente da minha e terá altos e baixos, avanços e retrocessos. Mas, com o auxílio das pessoas certas, bem como de abordagens e planejamentos corretos, você vai conseguir.

Espero que este livro atinja os seguintes objetivos: ajudá-lo ou a alguém que você ama a dar nome a esses sentimentos e a domá-los; fazer que esses esforços, por vezes intimidadores e complexos, pareçam um pouco mais fáceis; e colocá-lo no caminho certo para lidar com os monstros no seu cérebro e a viver apesar deles.

O que eu, e todos os adultos que o amam, queremos é que você consiga manter seu esplêndido cérebro, seu coração e seu corpo funcionando e em movimento por muitos e muitos anos. Queremos que viva sem dor. O mundo é inegavelmente melhor com você nele. Pode ser que uma luta feroz, suja e injusta o espere pela frente com esses monstros no seu cérebro, mas essa é uma luta que, na verdade, todos precisamos vencer.

CAPÍTULO 1

Quando os Monstros do Cérebro Atacam

Para muitos, tudo começa com as pequenas coisas: talvez comece a recusar convites com maior frequência. Talvez não tenha mais vontade de sair com os amigos. Os projetos e *hobbies* parecem consumir muito mais energia do que se consegue reunir. Ir à escola gera nervosismo – mesmo sem um motivo aparente. Às vezes, finge estar doente e, outras, simplesmente mata aula.

Esses sentimentos podem se intensificar: o simples pensamento de ter de fazer uma prova ou participar de uma partida importante faz você se sentir mal fisicamente. *Mal*, com o peito apertado e o coração disparado. Pode ser que você passe a não ligar para algo que antes considerava importante – desencadeando um sentimento de autodepreciação. Ou talvez apenas não consiga sair da cama.

Quando esse misto de estresse, preocupação e raiva assume o controle, é absolutamente impossível desempenhar as atividades cotidianas. Como é que você poderá ir à escola, encontrar os amigos e viver sua vida se *tudo parece tão ruim*? Como é que não vai achar que está fazendo alguma coisa de errado quando todo mundo parece estar bem? Ou, pelo menos, melhor que você? E, para início de conversa, como é que todas essas pessoas aprenderam a se sentir bem?

Se isso soa familiar, pode ser que esteja às voltas com os monstros da ansiedade ou da depressão. Ou com ambos, pois os dois costumam andar juntos e alimentar um ao outro, como dois grandes amigos tóxicos.

Tanto a depressão como a ansiedade produzem uma sensação de desalento ou apatia. É provável que escute suas vozes perversas dizendo que você merece se sentir mal dessa maneira e que se sentirá *sempre* assim.

Sabe essas vozes? Elas são mentirosas descaradas. Eliminar esses sentimentos negativos não é tão impossível como pode parecer. Mas isso não significa que eles não sejam imensos e reais para você. *São* imensos e *parecem* imensos, e ocupam um espaço enorme em seu coração e em sua mente, e tenho certeza de que você preferiria que esse espaço fosse preenchido com as coisas que considera importantes.

Mas o segredo, que aprendi ao longo dos anos por ser alguém cujo cérebro tem seus próprios monstros, é o seguinte: por maiores que sejam, *esses monstros não são maiores que você*. São apenas uma pequena parte de tudo o que faz você ser você.

Vou ser sincera (tentarei ser sempre sincera neste livro): na melhor das hipóteses, esses monstros podem prejudicá-lo, e, na pior, podem ser perigosos, aterrorizantes e nefastos, fazendo que se sinta angustiado e solitário. Eles se dão bem nesse lugar escuro e inacessível. Ficam maiores e mais fortes quando não conseguimos atribuir-lhes um nome, quando nos fazem sentir tão mal que preferimos ficar sozinhos. Ficam rondando nossa vida, sugando nossa energia e se alimentando desse ciclo de mágoa e dor. Ganham mais poder quando não conseguimos imaginar como viver com eles; imagine, então, uma vida sem eles.

Não posso descrever todos os possíveis transtornos mentais e todos os seus termos técnicos e particularidades. Existem muitas espécies de monstros cerebrais por aí! Mas os dois mais comuns sobre os quais falaremos neste livro, ansiedade e depressão, são um bom ponto de partida para que você possa começar a entender sua jornada de saúde mental.

IDENTIFICANDO A ANSIEDADE

Todo mundo se preocupa com alguma coisa em algum momento. Assim como muitos outros comportamentos, hábitos e características adquiridos pela nossa espécie ao longo da evolução, a preocupação é um sentimento que o corpo e a mente aprenderam para sobreviver. Nossos antigos ancestrais tinham o bom senso de ter medo de coisas ameaçadoras (como peixes enormes e assustadores, animais medonhos cheios de dentes e poços de alcatrão), que evitavam para sobreviver. Esses padrões de sobrevivência foram mantidos por tempo suficiente para permitir que a espécie chegasse aos dias de hoje. Sorte a nossa.

Tudo isso era muito bom para nossos ancestrais; porém, assim como muitas coisas em nosso corpo e em nossa mente que talvez tenham sido adaptadas para nos ajudar a sobreviver, essa característica pode se tornar uma desvantagem quando não estamos fugindo de predadores, mas, sim, tentando enviar um *e-mail*, por exemplo. Quando você não consegue impedir sua mente de analisar todos os possíveis resultados negativos que poderiam acontecer (mesmo que não sejam baseados na realidade – por exemplo, é óbvio que seus amigos não o odeiam em segredo), esse nível de medo e preocupação pode se tornar tão inútil e massacrante que atrapalha suas atividades cotidianas e o impede de viver a vida como você quer. A preocupação acaba desaparecendo. A ansiedade persiste.

Transtornos de ansiedade são doenças – tão reais quanto quaisquer outras que o médico possa diagnosticar em seu corpo – que podem afetá-lo física e mentalmente. Eles abrangem alguns quadros distintos, como transtorno de ansiedade generalizada, transtorno obsessivo-compulsivo (TOC), transtorno de ansiedade social, transtorno de pânico e transtorno de estresse pós-traumático (TEPT). Por mais diferentes que pareçam, todos têm em comum um medo intenso, persistente e quase sempre irracional e infundado que perturba o bem-estar físico e mental (e a capacidade de identificar, avaliar e, por fim, solucionar problemas).

Os transtornos de ansiedade são uma das maiores preocupações de saúde mental nos Estados Unidos. Segundo a National Alliance on Mental Illness (Aliança Nacional Contra o Adoecimento Mental), acometem 7% das crianças de 3 a 17 anos e 20% dos adultos. A maior parte dos 40 milhões de adultos que relatam sofrer de ansiedade diz que os sintomas se manifestaram antes dos 21 anos de idade. Os diferentes tipos de transtorno têm sintomas próprios, que podem variar de timidez, afastamento de determinadas situações e agitação até reações físicas, como falta de ar, sudorese excessiva, tremores ou espasmos musculares, além de problemas intestinais. (Acontece! O corpo humano é curioso.)

Alguns sinais físicos e mentais que merecem atenção:

- apreensão ou temor (aquela sensação na boca do estômago);
- tensão, irritabilidade, inquietação ou nervosismo;
- pensamentos catastróficos, afastamento ou hipervigilância a sinais de perigo;
- palpitações ou taquicardia e falta de ar;
- suor excessivo, tremores, movimentos nervosos ou espasmos;
- dores de cabeça, cansaço ou insônia;
- náusea, micção frequente ou diarreia.

A TAL DA DEPRESSÃO

Embora esteja longe de ser um sentimento divertido, a tristeza é algo bastante normal e universal. Uma hora ou outra ela vai aparecer na sua vida – devido a uma perda, uma mágoa ou uma decepção. Ou simplesmente haverá dias em que, por alguma razão, você não conseguirá se sentir feliz. Assim como na relação da ansiedade com preocupação, um período de profunda tristeza que começa a mudar sua atitude em relação à vida e prejudicar sua capacidade de realizar as atividades cotidianas, e que persiste, começa a ficar mais preocupante. É assim que você sabe que está sofrendo de depressão.

A depressão, muitas vezes, é acompanhada de ansiedade (melhores amigas tóxicas, lembra-se?), conturbando a mente e o corpo de maneiras semelhantes. O National Institute of Mental Health (Instituto Nacional de Saúde Mental) dos Estados Unidos descreve a depressão como um "transtorno de humor comum, porém grave. Causa sintomas severos que afetam a maneira de sentir, pensar e lidar com as atividades diárias, como dormir, comer e trabalhar".[3] Caracteriza-se por humor deprimido (tristeza, apatia, desinteresse e exaustão) por mais de duas semanas.

Pode ser que você esteja apresentando essas baixas de humor e, por isso, tem preferido ficar encolhidinho em seu canto, xeretando a vida dos outros no Instagram ou assistindo a um programa de televisão, pois assim tem a impressão de que seu cérebro desliga. Pode ser que, ao receber uma mensagem de um amigo, pense: "Não tenho ânimo para responder agora", e acabe não respondendo nunca. Ou talvez esteja cansado o tempo todo (dormindo demais ou sofrendo as consequências por não dormir o suficiente), e a ideia de se reunir com os amigos, fazer a lição de casa ou qualquer outra coisa provoque um curto-circuito em seu cérebro.

Parece muito difícil fazer qualquer coisa ou se interessar por algo, ou mesmo *querer* fazer qualquer coisa ou se interessar por algo. É como se fossem para outra pessoa, para uma versão de você que gostava de atividades e de se divertir, e não essa pessoa que parece sem brilho e em modo de economia de energia. Não essa pessoa que se sente extremamente *cansada* e *sem ânimo*.

Essas são apenas algumas das características da depressão – e, às vezes, não se sente absolutamente *nada*. Assim como a ansiedade, os transtornos depressivos têm diferentes formas: transtorno depressivo maior, transtorno depressivo persistente (distimia), transtorno afetivo sazonal (TAS) e transtorno disfórico pré-menstrual são alguns exemplos que podem acometer os jovens. Os dados da Anxiety and Depression Association of America (Associação de Ansiedade e Depressão da América) indicam que 322 milhões de pessoas em todo o mundo sofrem de depressão, e a Organização Mundial da Saúde (OMS) estima que, em todo o mundo, 1,1% dos adolescentes entre 10 e 14 anos e 2,8% dos que têm entre 15 e 19 anos sofrem de depressão.

Margaret Wehrenberg é especializada no tratamento de ansiedade e depressão. Como ela escreveu vários livros sobre o assunto e tratou inúmeros pacientes que lutam com esses problemas, eu perguntei para ela como podemos identificar esses sentimentos em nós mesmos.

"Eu diria que se alguém perceber que não está se divertindo na companhia dos amigos, mesmo que esteja agindo como se estivesse", disse Margaret, "ou se perceber que está com dificuldade de se concentrar naquilo que precisa fazer, esses são fortes indicadores na adolescência. Alguns adolescentes percebem que têm uma necessidade cada vez maior de ficar chapados ou de beber mais do que bebiam."[4] Segundo ela, esse não é necessariamente um sinal de vício, mas as pessoas que sofrem de depressão podem ter a impressão de que se sentem melhor quando ficam chapadas ou bêbadas.

"Acredito que outro sinal importante [de depressão] seja o tempo que as pessoas passam mexendo no celular para desviar a atenção dos próprios sentimentos"[5], acrescentou Margaret.

A depressão pode apresentar diferentes sintomas, dependendo da pessoa. Porém, na maioria das vezes os transtornos depressivos atrapalham as atividades e os ritmos cotidianos por meio de:

- alterações no sono;
- alterações no apetite;
- falta de concentração;
- perda de energia;
- falta de interesse por atividades;
- sentimento de inutilidade ou culpa;
- alterações de movimento (menos atividade ou agitação);
- dores e desconfortos físicos;
- ideação suicida.

ESTÁ BEM, É UMA DROGA. POR QUE ISSO ACONTECE?

A cada dia aprendemos mais sobre o que leva as pessoas a desenvolver sintomas de ansiedade e depressão, e as pesquisas mostram que a resposta a esse grande "por que?" não é nada simples.

O conceito moderno de cuidados em saúde mental ainda é muito recente, levando em consideração o tempo de existência do cérebro humano. Foi mencionado pela primeira vez em 1908, quando os psiquiatras falaram em "higiene mental", e só foi citado como disciplina ou campo de estudo em 1948. Embora tenha produzido um grande volume de conhecimentos desde então, esse campo ainda tem um longo caminho a percorrer e muito a aprender para oferecer um tratamento mais humano e eficaz, assim como encontrar as respostas mais convincentes e baseadas em evidências à velha e importante pergunta "Por que isso acontece?".

Sabemos que os seres humanos sempre conviveram com quadros de depressão e ansiedade. Temos dados documentados que remontam pelo menos à Grécia antiga: Hipócrates (do juramento que os médicos fazem) usava termos como melancolia, histeria e pantofobia (medo de tudo) para tentar descrever o que as pessoas sentiam. Embora esses sentimentos existam há muito tempo, nem sempre foi fácil falar sobre eles.

Essas questões estão cercadas de estigma social (outra palavra derivada do grego!). *Estigma* se refere ao sentimento de vergonha de algumas pessoas ou a experiências que tendem a pressioná-las a silenciar (por exemplo, achar que falar de problemas de saúde mental é constrangedor ou desconfortável). Os monstros do cérebro *adoram* o fato de serem estigmatizados, pois assim podem agir com liberdade e se proteger de coisas que possam detê-los (como amigos, familiares e profissionais de saúde).

Mas isso não quer dizer que estamos no escuro em relação a essas questões. Sabemos muitas coisas (graças ao maior reconhecimento de que a saúde mental é parte essencial da saúde geral), e os profissionais de saúde sabem muito bem como tratar transtornos mentais.

LEGAL, MAS E AS CAUSAS?

Evidentemente, existem diversas razões pelas quais alguém pode desenvolver depressão ou ansiedade, e cada caso individual é justamente isso: um caso individual. Contudo, o mais importante é saber que nem sempre é possível controlar essas razões, tampouco provocá-las ou fazê-las desaparecer só porque se quer.

GENÉTICA

Pode ser que você conheça pessoas (ou tenha familiares) que dizem que os problemas mentais "são de família". À medida que aprendemos mais a respeito de como nossos genes afetam a saúde mental, também compreendemos melhor quem tem mais probabilidade de sofrer de problemas como ansiedade ou depressão. Os cientistas estão começando a isolar e a identificar genes específicos que acreditam que possam estar relacionados com ansiedade e depressão hereditárias.

Segundo a Anxiety and Depression Association of America (Associação Americana de Ansiedade e Depressão), os pesquisadores estão "descobrindo que os transtornos de ansiedade são hereditários e têm uma base biológica, do mesmo modo que alergias, diabetes e outros distúrbios".[6] Parte dessas descobertas é recente. Em 2016, um estudo revelou que alguns genes estão ligados ao transtorno de ansiedade generalizada, transtorno de pânico e transtorno afetivo sazonal (TAS), e outro estudo de 2017 concluiu que o transtorno de ansiedade generalizada é um "quadro hereditário com risco genético moderado (hereditariedade de aproximadamente 30%)".[7]

Estamos fazendo grandes progressos também na compreensão de como a depressão é transmitida na família. Segundo o Stanford Medicine: "É provável que alguém cujo pai, mãe ou um dos irmãos sofre de depressão profunda apresente um risco duas ou três vezes maior de desenvolver depressão do que a média (ou cerca de 20% a 30%, em vez de 10%)".[8] Além disso, pessoas com um membro da família que teve depressão mais de uma vez, ou que teve depressão na infância, na adolescência ou no início da vida adulta, têm quatro ou cinco vezes mais possibilidade de desenvolver depressão do que alguém que não tem esse histórico familiar.

CAUSAS MÉDICAS

Às vezes, os sintomas dos problemas de saúde mental podem ser desencadeados por outras doenças. É comum pessoas que sofrem de hipotireoidismo, síndrome de Cushing, diabetes, AIDS e doença de Parkinson, entre outras, apresentarem sintomas de depressão ou ansiedade. Alguns problemas dos sistemas endócrino e reprodutor, que regem os processos biológicos e hormonais do corpo (e que já trabalham a todo vapor nos adolescentes), também estão associados a esses sintomas.

CAUSAS AMBIENTAIS

Nossas experiências de vida também podem fazer parte da equação. Sobreviver a um trauma ou abuso, ou presenciar eventos traumáticos (como a pandemia), sobretudo na infância e na adolescência, pode aumentar o risco de desenvolver transtornos de ansiedade ou depressão. O estresse provocado por uma doença ou por situações de grande pressão, como escola, trabalho, relacionamentos e problemas familiares, também pode causar depressão, ansiedade ou ambos, assim como grandes transições ou mudanças, como término de um relacionamento, mudança de escola, divórcio dos pais ou morte de um familiar ou conhecido.

Quer gostemos ou não, o cérebro dos adolescentes está em um ponto difícil do desenvolvimento, o que o torna mais vulnerável aos monstros. A National Survey on Drug Use and Health (Pesquisa Nacional sobre Uso de Drogas e Saúde dos Estados Unidos), realizada em 2020, revelou que 17% dos adolescentes entrevistados tiveram um episódio importante de depressão no ano anterior, comparado com 8,4% dos adultos. A parte do cérebro que lida com fatores como emoções, escolhas impulsivas, medos e comportamentos reativos e agressivos é o corpo amigdaloide. Essa estrutura se desenvolve cedo nas crianças. Mas a parte do cérebro que lida com atividades mais complexas como raciocínio e processamento das emoções – o córtex frontal – só se desenvolve por completo em torno dos 25 anos. O consumo de drogas e álcool pelos jovens também pode alterar ou retardar o desenvolvimento do córtex frontal.

Os problemas de ansiedade ou depressão podem estar associados a uma dessas causas. Muitas vezes, assim com tantas outras coisas, existem inúmeros fatores que geram problemas na mente e no corpo – mas lembre-se de que você *não fez nada* para provocar sua ansiedade ou depressão.

EXPERIMENTO QUÍMICO

O cérebro guarda uma série de coisas incríveis sobre nós: nossas lembranças, nossas melhores histórias e as lições que aprendemos a duras penas. Mas, durante a adolescência, o cérebro – assim como o restante do corpo – ainda está em desenvolvimento e, de certa maneira, é um experimento químico em curso.

Muitos profissionais da área de saúde mental usam a expressão "desequilíbrio químico" ao falar sobre as causas da ansiedade e da depressão. Essa expressão pode ser confusa, pois esses transtornos não são causados apenas porque o corpo não produziu "substâncias químicas da felicidade" ou produziu "substâncias químicas depressivas" em excesso. Porém, *existem* mensageiros químicos naturais no cérebro, chamados neurotransmissores, capazes de afetar o humor e a saúde mental.

Eis uma breve descrição das substâncias químicas cerebrais associadas à saúde mental de que você deve ter ouvido falar.

- **Serotonina.** Provavelmente é dessa que você mais ouviu falar. A serotonina desempenha um papel importante na regulação do humor, do apetite e dos ritmos circadianos (o ciclo biológico que regula o sono e a vigília). Os inibidores seletivos da recaptação de serotonina (ISRSs) são uma classe de antidepressivos usados para elevar os níveis de serotonina no cérebro. Eles costumam ser combinados com outros esquemas terapêuticos.
- **Dopamina.** Importante para a memória, o aprendizado e o comportamento, a dopamina é mais conhecida como o neurotransmissor da recompensa. É liberada pelo cérebro

quando fazemos algo prazeroso. Pesquisas revelaram que uma alimentação rica em gordura saturada pode reduzir a atividade da dopamina, enquanto exercícios podem ajudar a aumentá-la.

- **Epinefrina.** Conhecida também como adrenalina, esse neurotransmissor e hormônio está associado ao impulso de "luta ou fuga". É liberada quando a pessoa se sente estressada, amedrontada e, é claro, ansiosa. Quando o corpo é submetido ao estresse crônico, pode ocorrer uma produção excessiva de epinefrina.
- **Ácido gama-aminobutírico.** Trata-se de um regulador do humor capaz de ajudar a acalmar neurônios superexcitados. Níveis baixos desses neurotransmissores estão associados à inquietação e ao mau humor.

CAPÍTULO 2

A Coisa Vai Mal – E Agora?

Existem diversos artigos, ilustrações no Instagram e folhetos deploráveis que ensinam a identificar transtornos mentais. (Eu mesma já recebi um monte de artigos, livros e textos desses quando era jovem.) Você já deve ter recorrido aos vários recursos *on-line* e feito o que, para nós, que crescemos com acesso à internet, é muito natural: perguntado ao Google "O que há de errado comigo?". Acredito que tenha sido assim que você chegou a este livro.

E todos nós lhe daremos o mesmo conselho: siga as etapas para obter ajuda.

Serei a primeira a admitir que começa a ser um pouco frustrante, pois as mensagens afetuosas, bem-intencionadas e, sim, *verdadeiras*, do tipo: "Você pode obter ajuda" ou "As coisas vão melhorar", às vezes são bastante irritantes quando a gente não está bem. É como ser aconselhado a ler um artigo intitulado "Dez maneiras de saber se você está no fundo do poço", quando está careca de saber que está. Ok, obrigada, já sei disso – mas como vou sair dessa? Ao juntar todos os possíveis recursos disponíveis e analisar todas as opiniões, talvez você tenha a sensação de que, na verdade, ninguém sabe.

Grande parte desse material oferece conselhos genéricos do tipo "fale com um profissional" (é um bom conselho, mas, em princípio, pode ser difícil de seguir ou estar fora do seu alcance, dependendo da cobertura do seu plano de saúde) ou é propaganda de cuidados pessoais (e talvez estejam apenas tentando vender calças *leggings* caríssimas), ou ambos. Nada disso responde à pergunta: "Não, sério, preciso de ajuda. O que devo fazer?".

Embora beber água, ficar longe do celular por algumas horas, comer alguma coisa (pontos extras se for algo com valor nutritivo), fazer exercício e tomar um pouco de sol todos os dias sejam ótimas recomendações que fazem bem à saúde mental, pode ser um insulto resumir sua dor existencial e esse sentimento devastador que o aflige a um "Já tentou desligar e ligar novamente?". Essas frustrações são legítimas, e você tem o direito de senti-las. Mas lembre-se de que os monstros no seu cérebro estão bastante empenhados em fazer que você fique com um pé atrás, relutante e irritado com essas técnicas capazes de mantê-los sob controle.

Portanto, por mais frustrante ou insuportável que pareça, depois de conseguir identificar o que sente, o próximo passo será obter ajuda. Nunca é demais ressaltar que o transtorno mental não é algo com o qual você deva lidar sozinho. De acordo com a Anxiety and Depression Association of America (Associação Americana de Ansiedade e Depressão), muitas pessoas têm dificuldade até mesmo de perceber que sofrem de ansiedade ou depressão. De modo que se você foi capaz de driblar os monstros no seu cérebro e reconhecer esses sentimentos, já fez um ótimo trabalho. Sério, é um grande passo.

Neste ponto, você tem diversas opções para seguir avançando. O próximo passo pode ser falar abertamente com sua rede de apoio imediato (seus pais, um responsável, um adulto em quem confia ou os amigos mais chegados) a respeito de como se livrar de algumas de suas fontes de estresse e tornar seu dia a dia um pouco mais fácil. Ou então consultar um profissional de saúde, como um psicólogo, um psiquiatra ou mesmo o médico de família para começar. Se tiver uma emergência de saúde mental, pode procurar tratamento ambulatorial ou ir ao pronto-socorro do hospital local.

Neste estágio, você deve priorizar a si mesmo. Tudo o mais passa para segundo plano – escola, trabalho, problemas com amigos, vestibular. Mas saiba que é uma boa decisão

> Se você ou alguém que você ama tiver uma emergência de saúde mental, como pensamentos de autolesão ou suicídio, ou chegar ao ponto de infligir danos a si mesmo – procure ajuda imediatamente, entrando em contato com o Centro de Valorização da Vida (CVV) pelo telefone 188 (que funciona vinte e quatro horas por dia e sem custo de ligação), por *chat*, *e-mail* ou pessoalmente em alguns endereços. Em virtude da complexa natureza do policiamento e da maior probabilidade, em termos estatísticos, de que alguém em sofrimento psicológico seja vítima de violência doméstica, ligar para o 190 nem sempre é a resposta mais segura em muitas comunidades.

usar sua energia para domar os monstros do cérebro. Você deve ter muitas outras prioridades no momento, mas não conseguirá alcançar nenhuma delas se não cuidar de si mesmo.

CONVERSE COM AS PESSOAS CERTAS

Se você for um jovem que está com problemas e nenhum adulto lhe deu um empurrãozinho para procurar ajuda, ou ainda não conversou sobre sua saúde mental com um adulto ou um profissional de saúde, está na hora de pensar nas pessoas que o conhecem e se preocupam com você e de encontrar alguém em quem confie para falar de seus sentimentos. Pode ser seu pai, sua mãe ou um responsável, mas, em princípio, é normal e muito comum ficar um pouco hesitante em recorrer a eles primeiro.

Andrew Kahn, psicólogo infantil e especialista em neurodivergência, afirma que: "Muitos adolescentes têm dificuldade de falar com os pais... pois são eles que dão ou retiram privilégios em muitas famílias. Um orientador [pedagógico] é uma excelente primeira opção. Os orientadores podem ajudar [os adolescentes] a encontrar as palavras certas para descrever suas emoções e seus problemas de humor, o que contribui para adquirirem um vocabulário sobre a própria vida e os próprios sentimentos. Os orientadores pedagógicos também estão aptos a avaliar as crises da adolescência e têm protocolos para manter a segurança.".[9]

Além dos pais ou responsáveis e dos irmãos mais velhos, tenha "adultos seguros", como diz Kahn, em seu círculo.[10] Alguns exemplos são um amigo da família, um professor, o orientador pedagógico, o médico, um líder religioso, o treinador, alguém da associação LGBTQIA+ local ou, em alguns casos, uma combinação dessas pessoas. Elas vão diferir em cada comunidade, mas devem ser pessoas em quem você confie, que o façam se sentir acolhido e seguro.

É importante observar também que algumas pessoas em determinadas funções, como assistentes sociais, professores, diretores e funcionários de escola, profissionais de saúde, orientadores pedagógicos, pessoas que cuidam de crianças e policiais, têm obrigação legal de notificar as autoridades competentes de qualquer suspeita de abuso ou negligência de menores de idade.

Pedir a um adulto que faça parte da sua rede de apoio pode ser um passo muito difícil, emocionalmente desgastante e um tanto delicado. Em geral, é preciso falar com clareza sobre suas fortes emoções, preocupações e necessidades – algo que até mesmo os adultos têm dificuldade de fazer. Portanto, seja o mais amável e paciente que puder consigo mesmo. Não existe um modo certo ou perfeito de fazer isso. Lembre-se mais uma vez, se for preciso, de que você merece se sentir bem e se sentir melhor.

Depois de identificar esse adulto de confiança, você poderá começar a falar sobre suas necessidades no curto e no longo prazos.

- Você está passando por uma crise? Sente-se seguro em casa e na escola?
- Alguns motivos da sua crise podem ser solucionados pelos adultos de sua comunidade?
- Existe alguma estratégia, habilidade ou exercício de enfrentamento que possa usar no dia a dia para aliviar a pressão?
- De que tipo de ajuda acha que precisa?

ENCONTRANDO AS PALAVRAS CERTAS

Uma das maiores dificuldades ao longo de sua jornada de saúde mental será tentar informar todas as pessoas que fazem parte de sua vida sobre o que está se passando com você – como está se sentindo em relação à sua situação, sua noção de privacidade e os limites que estabeleceu com os amigos e os entes queridos.

Pode parecer impossível ordenar os pensamentos para enviar um *e-mail* ao professor ou treinador ou dizer aos seus pais ou responsáveis o que precisa quando se está sofrendo. Nas situações a seguir, os "roteiros" sugeridos poderão ajudá-lo a expressar seus sentimentos:

Ao falar com adultos de confiança sobre obter ajuda e apoio extras. "Tenho me sentido muito 'pra baixo' ultimamente, e estou começando a achar que há alguma coisa errada comigo. Acho que preciso de mais apoio, gostaria de falar com um psicólogo."

Em caso de emergência de saúde mental. "Tenho tido pensamentos negativos e pessimistas que estão me assustando, e tenho medo de fazer mal a mim mesmo."

Ao falar com o professor sobre deveres de casa ou com o treinador sobre faltas aos treinos. "Estou muito estressado ultimamente, e isso está começando a afetar o meu humor em casa e na escola. Preocupo-me como isso pode afetar minha saúde mental. Sei que tenho de [insira aqui a tarefa ou a obrigação e a data prevista] e gostaria de saber se é possível haver alguma tolerância enquanto estou lidando com esse problema. Ainda tenho muito interesse [nessa aula ou obrigação] e adoraria receber suas orientações sobre esse assunto."

Ao falar com amigos e pessoas queridas que não tem visto há algum tempo ou que foram afetados por sua depressão ou ansiedade. "Desculpe por não ter sido mais presente. Estou lidando com alguns problemas de saúde mental e venho tendo dificuldade de entrar em contato com as pessoas que são importantes para mim. Queria que soubesse que não é nada pessoal e que gosto muito de você. Depois que as coisas começarem a melhorar, vamos colocar o papo em dia."

Ao recusar convites porque você não tem energia. "Obrigado por se lembrar de mim! Infelizmente, estou resolvendo alguns problemas pessoais e não poderei ir. Espero que possamos nos encontrar em breve!"

Ao falar com pessoas irrelevantes, grosseiras ou que não estão em sua lista de prioridades (e quer que o deixem em paz). "Estou resolvendo alguns problemas pessoais e espero que respeite os limites que estou impondo no momento."

Ao falar com pessoas que tentam fazê-lo se sentir mal por priorizar sua saúde mental. Às vezes, a melhor resposta é não responder. Se alguém não respeita os limites que você estabeleceu ou está tentando fazê-lo se sentir mal por procurar cuidar de si mesmo, você não lhe deve uma resposta, sobretudo enquanto está com problemas. Por ora, as necessidades dessa pessoa podem ficar em segundo plano.

Para muitas pessoas, romper a barreira e começar a falar sobre esses problemas, e a enfrentá-los, pode levar ao caminho para a recuperação – é surpreendente como o fato de ter pessoas de confiança ao seu lado pode afugentar alguns monstros do cérebro. Os adultos em quem você confia podem ajudá-lo a obter auxílio de amigos e grupos de apoio ou a se informar sobre habilidades de enfrentamento que atendam às suas necessidades (os últimos capítulos deste livro trazem mais informações sobre habilidades de enfrentamento!).

Mas nem todo mundo tem um adulto de confiança a quem recorrer de imediato, e pode ser que até mesmo os adultos que estão dispostos a ajudá-lo não saibam a quem recorrer. Às vezes, precisamos de ajuda profissional, e não há nada de vergonhoso nisso.

AJUDA PROFISSIONAL

Depois de começar a falar e a se abrir, talvez você chegue à conclusão de que está na hora de procurar a ajuda de um profissional de saúde mental, se é que ainda não o fez. Para alguns, basta pedir aos pais que marquem uma consulta com alguém e ir. No entanto, esse não é o caso de todo mundo.

No sistema de saúde privado – sobretudo no caso de menores de idade – é preciso vencer algumas barreiras ao tratamento que vão além de "querer" ou "não querer" fazer terapia. Dependendo da condição financeira de sua família, pode haver outras dificuldades. Pode ser que sua família não tenha plano de saúde, ou que o convênio médico não cubra todos os custos. Ou talvez sua família não aceite quem você é (sobretudo se pertencer à comunidade LGBTQIA+) ou estigmatize os problemas de saúde mental e as terapias. Se o ambiente familiar for sua maior barreira e até mesmo um fator que contribui para sua situação, o adulto de confiança será um recurso importante na solução de seus problemas.

Isso não quer dizer que seja certo ou justo que algumas pessoas tenham acesso mais limitado ao tratamento. Mas se pudermos fazer alguma coisa para ligar os pontos e facilitar as coisas, vamos fazer. Em última instância, mesmo que não seja possível obter tratamento, ainda há esperança e alternativas para continuar a lutar contra os monstros no seu cérebro. Lembre-se disso!

O QUE SABER SOBRE AS MEDICAÇÕES PARA TRATAMENTO DE TRANSTORNOS MENTAIS

Quando você consulta um profissional da área de saúde mental, vocês trabalham juntos para determinar se o uso de medicamentos poderá ajudar no tratamento. Como mencionei antes, o cérebro e o corpo são complexos, e diversas substâncias químicas agem sobre eles. Então, às vezes, precisamos de uma ajudinha para regular tudo. Nem sempre os profissionais de saúde optam por prescrever medicamentos, mas tomar um medicamento receitado pelo médico poderá ajudá-lo a se sentir melhor!

Nos Estados Unidos, 12,7% das pessoas com mais de 12 anos e 3,4% dos adolescentes tomam antidepressivos. Se tiver alguma dúvida a respeito de determinado medicamento ou sobre seu tratamento, o médico terá as respostas. Garanto que ele vai preferir esclarecer suas dúvidas e compartilhar o que sabe a deixar que você fique preocupado.

LIDANDO COM BARREIRAS FINANCEIRAS

Como americana, só posso falar da *situação* do sistema de saúde dos Estados Unidos. Aos leitores que convivem com um sistema diferente, peço desculpas de antemão. Gostaria de não ter que saber de nada disso também, e algum dia vou compensá-los.

Entre as famílias americanas, o Medicaid e o Children's Health Insurance Program (CHIP) cobrem mais de 40 milhões de crianças com menos de 18 anos que se qualificam para um desses programas. Mas isso não significa que todas estão cobertas: 4,3 milhões de crianças com menos de 19 anos não tinham seguro-saúde em 2020, de acordo com os dados do Departamento de Recenseamento dos Estados Unidos (US Census Bureau) coletados em 2021. E inúmeros americanos são considerados "subsegurados", ou seja, com cobertura inadequada. Em um levantamento feito em 2019, os profissionais de saúde mental descobriram que 39% das pessoas entrevistadas relataram os altos custos como a razão pela qual não procuravam tratamento. Embora essa porcentagem representasse uma queda em relação aos 45% registrados em 2008, os resultados da pesquisa ainda revelam a existência de uma lacuna significativa no acesso de pessoas de baixa renda e de trabalhadores.

O aspecto financeiro também representa uma barreira importante à assistência médica, e pode ser constrangedor falar sobre isso (uma vez que existe um estigma em admitir ser do grupo de baixa renda). Como afirma o portal *Psychology Today*, o custo médio da sessão de terapia varia de cem a duzentos dólares – dependendo do plano de saúde (com coparticipação de dez dólares). É complicado, e você entenderá por que os americanos estão sempre furiosos com o sistema de saúde.

Qualquer que seja a cobertura do seu plano de saúde, muitas vezes existe uma margem de manobra para ter acesso à assistência médica quando os preços estão fora de seu alcance. Se estiver cursando o ensino fundamental II, o ensino médio ou o ensino superior, é possível que haja alguns recursos de saúde mental em sua escola. Os orientadores pedagógicos costumam ser devidamente treinados para ajudar os alunos a falarem sobre seus sentimentos, dar apoio, oferecer técnicas de enfrentamento ou ajudá-los a decidir quais serão os próximos passos. Muitos centros de orientação nos *campi* universitários ou nos bairros também oferecem tratamentos gratuitos ou de baixo custo.

Nos Estados Unidos, alguns profissionais de saúde e algumas clínicas cobram de acordo com a condição financeira do paciente. No Brasil, há também o Centro de Atenção Psicossocial (CAPS), que faz parte do Sistema Único de Saúde (SUS), e oferece serviços de saúde mental gratuitamente à comunidade. Para encontrar esses serviços em sua região, faça uma busca por "CAPS" e sua cidade (sim, "CAPS perto de mim" também costuma funcionar).

BARREIRAS SOCIAIS: CONHEÇA SEUS DIREITOS

Em um cenário otimista, sua família apoia sua intenção de obter ajuda e colabora na busca de boas opções. Mas nem sempre o cenário é otimista. Digamos que você tentou falar com seus pais ou responsáveis e não deu certo, ou que sua vida familiar seja um dos fatores ambientais que contribuem para seus problemas. Se for menor de idade, essas coisas podem dificultar ainda mais o acesso ao tratamento, mas isso não significa que não existam outras opções.

NÃO FAÇA NADA SOZINHO

Antes de mais nada, entre em contato com a escola ou com um adulto de sua confiança. Explique a situação e veja se eles têm alguma sugestão, seja mediando uma conversa entre você e seus pais ou responsáveis, seja analisando outras opções que possam existir na sua região.

LEGISLAÇÃO SOBRE CONSENTIMENTO (EUA)

Nos Estados Unidos, para receber tratamento de saúde mental, assim como no caso de outros tratamentos médicos, você (e com frequência seus pais) tem de assinar um termo de consentimento livre e esclarecido (TCLE). Mas os requisitos de idade para o consentimento de um menor sem os pais variam entre os estados. Em muitos, os menores têm o direito de consentir no próprio tratamento – em geral, a partir de 16 anos de idade. Contudo, outros têm uma variedade de requisitos, e alguns exigem a autorização dos pais. O objetivo das leis que exigem a supervisão dos pais ou responsáveis é impedir que você receba um tratamento para o qual não deu seu consentimento. Mas se você for jovem demais para fornecer o termo de consentimento sozinho, elas podem impedi-lo de receber o tratamento que quer.

Para saber mais, faça uma busca no Google por "consentimento" "menor de idade", "saúde mental", com o nome de seu estado. Mesmo que seus pais estejam participando do processo e deem o consentimento, se você mora em um estado que exige somente seu consentimento, saiba que as leis de confidencialidade se aplicam a você – tudo o que falar durante o tratamento permanecerá entre você e o profissional de saúde. Conhecendo essas leis, você saberá o que ele pode ou não revelar aos seus pais. Seria bom ter uma conversa franca com o terapeuta sobre o que o estado exige que ele revele antes de mergulhar de cabeça no tratamento.

ODEIO TER DE DIZER ISSO: CONHEÇA TAMBÉM OUTRAS LEIS

Não são estas as palavras que eu gostaria de digitar na década de 2020, mas vamos lá: parte da "diversão" de viver em uma época "sem precedentes" é ver a promulgação de leis que podem ter um impacto desastroso na vida de pessoas vulneráveis que buscam assistência médica. Depois que a Suprema Corte dos Estados Unidos derrubou a decisão do caso Roe vs. Wade, proibindo o aborto em vários estados e restringindo rigorosamente o procedimento em outros, as vítimas de violência sexual precisam ser cautelosas em relação à assistência médica que buscam e com quem falam sobre essas opções. Da mesma maneira, a pressão crescente pela proposição e promulgação de leis que proíbam e até mesmo criminalizem o tratamento de afirmação de gênero pode aumentar as dificuldades que as pessoas trans e de gênero dissidente já enfrentam para ter acesso a essa assistência médica essencial. A mais cruel dessas propostas de lei também ameaça fazer que os órgãos que cuidam do bem-estar infantil intervenham caso os pais tentem ajudar os filhos a terem acesso ao tratamento de afirmação de gênero.

Embora seja desalentador ter conhecimento dessas leis, é importante conhecê-las em seu contexto para se proteger e encontrar profissionais de saúde que possam apoiar sua causa.

PENSE (COM ATENÇÃO) FORA DA CAIXA

Pode ser que psicoterapia e tratamento psiquiátrico não sejam essenciais em sua jornada de saúde mental. Procure grupos e organizações de apoio na internet (veja uma lista nas páginas 141-142) para entrar em contato com outras pessoas que estão na mesma situação. Procure também centros comunitários, associações LGBTQIA+, bibliotecas, organizações religiosas ou divisões locais e estaduais de organizações federais para ver quais grupos de apoio ou programas voltados para a saúde mental existem em sua região.

Se descobrir que aquilo de que mais precisa e quer ainda não existe, pode tomar a iniciativa de ser o primeiro a criar. Porém, isso não vai funcionar se estiver sem ânimo ou no modo de sobrevivência. Mas se estiver se sentindo energizado pela ideia de criar um espaço positivo para saúde mental em sua comunidade, siga esse ímpeto e veja aonde isso o levará.

FATOR IDADE

Por fim, se os serviços de saúde de que precisa estiverem fora do seu alcance em virtude da idade, não se preocupe, você terá todo o tempo do mundo quando atingir a maioridade. Se chegou até este ponto e compreendeu que é de vital importância cuidar de sua saúde mental (se for assim, estou muito orgulhosa de você), pode começar usando os recursos disponíveis, como aqueles sobre os quais falaremos mais adiante neste livro, para encontrar apoio, aprender tudo o que puder e tentar fazer as mudanças necessárias. Nunca é tarde demais.

DIFERENTES TIPOS DE TERAPIA E TÉCNICAS

Você já deve ter ouvido falar de algumas das várias opções de terapia e tratamento disponíveis por intermédio do seu profissional de saúde ou de uma pesquisa minuciosa no Google. A American Academy of Child and Adolescent Psychiatry (Academia Americana de Psiquiatria Infantil e Adolescente) recomenda as modalidades a seguir para crianças e adolescentes que estão às voltas com problemas de ansiedade e depressão.

TERAPIA COGNITIVO-COMPORTAMENTAL (TCC)

Terapia cognitivo-comportamental é uma abordagem terapêutica para jovens que sofrem de ansiedade ou depressão e pessoas de todas as idades com diversos transtornos mentais. Seu objetivo é ensinar o paciente a identificar os padrões de pensamento que causam sentimentos específicos (como os que contribuem para depressão e ansiedade) e a modificar esses pensamentos ao entendê-los melhor por meio de habilidades de enfrentamento e estratégias de resolução de problemas. Algumas pessoas dizem que a terapia cognitivo-comportamental treina o paciente para que se torne seu próprio terapeuta.

TERAPIA COMPORTAMENTAL DIALÉTICA

Usada com maior frequência no tratamento de adolescentes mais velhos e pessoas com maior risco de ideação suicida e pensamentos autolesivos, bem como aquelas que têm transtorno da personalidade *borderline*, a terapia comportamental dialética ajuda os pacientes a aceitarem suas emoções e os aspectos de suas vidas que desempenham um papel nessas emoções, ao mesmo tempo em que aprendem a administrá-las e a regulá-las.

TERAPIA COGNITIVA BASEADA EM *MINDFULNESS* (ATENÇÃO PLENA)

Essa modalidade de terapia cognitiva usa técnicas da meditação *mindfulness*. Ela ensina as pessoas a ter consciência de seus pensamentos e sentimentos, sem julgar a si mesmas, para que possam compreender melhor seus padrões de pensamento e criar padrões mais produtivos.

EXERCÍCIOS DE *MINDFULLNESS* (ATENÇÃO PLENA) QUE SÃO VERDADEIROS DIVISORES DE ÁGUAS

Se você buscou ajuda para combater problemas de depressão ou ansiedade, é provável que tenha sido aconselhado a experimentar a meditação *mindfulness*.

Trata-se de um tipo de meditação que consiste em estar presente no próprio corpo e na própria mente, conectando-se com os próprios sentidos e sentimentos sem tirar conclusões ou fazer julgamentos. Embora pareça um pouco insólito, inúmeras pesquisas respaldam a *mindfulness* como um instrumento não apenas para quem tem transtornos mentais, mas também para qualquer um que queira manter e melhorar a saúde mental. Entre seus efeitos benéficos estão redução dos sintomas de depressão, como estresse, medo e ruminação (concentrar-se continuamente em pensamentos negativos), aumento da capacidade de concentração e da percepção de si mesmo e melhora da memória e da flexibilidade cognitiva.

A meditação *mindfulness* também ajuda a acalmar as partes do cérebro relacionadas com depressão: o corpo amigdaloide, o córtex pré-frontal medial (que processa as informações sobre a própria pessoa, inclusive preocupação e ruminação) e o hipocampo (que está associado à memória e costuma ser menor em pessoas com depressão recorrente).

O dr. John W. Denninger, diretor de pesquisas genômicas do Benson-Henry Institute for Mind Body Medicine de Harvard, afiliada ao Hospital da Faculdade de Medicina do Massachusetts, afirma que "A meditação treina o cérebro para alcançar uma concentração sustentada e para retornar a essa concentração quando ocorre a interferência de pensamentos, emoções e sensações físicas – o que acontece com frequência quando se está estressado e ansioso. Quando você medita, consegue ignorar as sensações negativas de estresse e ansiedade, o que explica, em parte, por que os níveis de estresse diminuem com a meditação".[11]

Sou uma grande fã da meditação *mindfulness*. Descobri que o fato de adotar uma abordagem mais consciente aos diferentes aspectos da minha vida me fez gostar muito mais dela (vai entender!). Alguns exercícios que me recomendaram ajudam a me a acalmar e a controlar minhas emoções em situações muito estressantes. Embora você tenha de pesquisar e ler sobre *mindfulness*, bem como experimentar diferentes tipos de meditação guiada para ver quais exercícios funcionam melhor para você, eu gostaria de falar a respeito de um dos meus preferidos, que requer pouco esforço, mas produz muitos resultados:

CAFÉ E GRATIDÃO

Esta prática é a que mais gosto de fazer pela manhã quando tenho tempo. Ela incorpora meu ritual favorito: ingerir cafeína para me animar a fazer o exercício. Você pode usar uma boa xícara de chá ou um copo de suco de laranja ou de água e sentar-se confortavelmente (pode fazer também enquanto espera o ônibus ou sua carona para a escola).

1. Beba devagar e pense em algo pelo qual se sente grato, respirando fundo entre cada gole.
2. Sua lista pode ser composta de coisas singelas e tolas (ver um esquilo rechonchudo no outono foi incluído na minha lista) ou mais importantes (sentir gratidão pelas pessoas que contribuem para tornar sua vida melhor). Você só precisa ser sincero.
3. Tente perceber como seu corpo se sente a cada momento, e não deixe a mente vagar. (Se tiver dúvidas, volte a respirar para retomar a concentração!)

Comece com apenas três respirações, três golinhos e três coisas pelas quais é grato e veja como se sente – pode ser que goste desse exercício e queira fazer mais vezes!

Muitos terapeutas usam mais de uma técnica ou têm preferência por várias delas, nas quais são experientes. Se tiver curiosidade em saber como funcionam, peça ao terapeuta para descrevê-las. Em geral, eles são apaixonados por esse assunto e ficariam muito felizes em explicá-las em detalhes.

TERAPIA DE GRUPO

É basicamente o que parece. Trata-se de um tipo de psicoterapia em que vários pacientes se reúnem com um ou mais psicólogos. A terapia de grupo usa a técnica de dinâmica de grupo e a interação de pessoas com problemas semelhantes para ajudar os pacientes a compreender seus problemas de saúde mental e a melhorar suas habilidades sociais.

O MÉDICO (OU ORIENTADOR, ENFERMEIRO, ASSISTENTE SOCIAL) ENTRA EM CAMPO

Digamos que, seja qual for sua história, você esteja se preparando para escolher um orientador pedagógico, psicólogo, assistente social ou psiquiatra e agendar uma consulta.

Em primeiro lugar, não entre em pânico. A maioria das pessoas não encontra de imediato um profissional de saúde que atenda às suas necessidades. Uma pesquisa realizada pela LifeStance Health, em 2022, revelou que a maioria dos jovens só começa a se sentir à vontade com o psicólogo depois de cinco sessões de terapia. Isso quer dizer que leva, pelo menos, um mês para que se conheçam melhor. Pode haver também atrasos entre o momento em que as sessões são marcadas e a data em que realmente ocorrem.

A dra. Anisha Patel-Dunn diz: "O que quero de fato enfatizar é que... depois que você encontra alguém e conta sua história, sente um certo alívio. Mas, no início, revelar seus pensamentos íntimos gera muita ansiedade".[12]

Às vezes, o profissional mais perto de você, que cabe em seu orçamento e é coberto pelo plano de saúde não está aceitando novos pacientes. Talvez ele não seja especializado em seus problemas, como luto, ansiedade, depressão, períodos de transição, violência doméstica e violência sexual. Talvez você não tenha interesse nos métodos preferidos dele. Ou então os dois apenas não simpatizam um com o outro (afinal de contas, profissionais da saúde são pessoas e nem sempre as pessoas se dão bem). Outras vezes, alguém parece ser perfeito no papel, mas não depois de uma consulta.

Não se preocupe demais com isso. Ao atender um novo paciente e conversar a respeito das necessidades dele, em geral os profissionais de saúde estão ao mesmo tempo fazendo uma avaliação minuciosa e se certificando de que seu estilo de tratamento pode ajudá-lo. O exame minucioso é recíproco! Você não vai ferir os sentimentos dele se não conseguir estabelecer uma conexão para que possam trabalhar juntos. É possível que ele o encaminhe a um colega que considere mais adequado para você.

A dra. Patel-Dunn diz: "Eu mesma, como psiquiatra, quando atendo alguém deixo bem claro: 'Está bem, vou lhe prescrever uma medicação, mas gostaria que consultasse um psicólogo', e coloco o paciente em contato com um, pois conhecemos muitos psicólogos com os quais estamos acostumados a trabalhar. Portanto, grande parte desse processo consiste em estabelecer contato e compartilhar sua história com um profissional de saúde mental.".[13]

Lembre-se, o mais importante é que, ao tomar a iniciativa de falar com alguém sobre suas experiências, você fica muito mais próximo de obter ajuda certa para você.

CAPÍTULO 3

Rede de Apoio

Antes de entrar nos detalhes do tópico deste capítulo, faremos um pequeno exercício. Na verdade, copiei o de Fred Rogers – o homem que trocava o paletó por um casaco de lã e os sapatos por tênis no início de cada episódio de *Mister Rogers' Neighborhood*, programa infantil da antiga rede de televisão americana PBS. Sempre gostei desse exercício, que ele fez em muitos dos discursos de formatura universitária para os quais foi convidado. Será um pouco sentimental, mas garanto que valerá a pena.

Como dizia Mr. Rogers: "Desde que você era muito pequeno, havia pessoas que, com seu sorriso, faziam-no sorrir; com sua fala, faziam-no falar; com suas canções, faziam-no cantar; e com seu amor, ensinavam-no a amar.".[14] Quero que feche os olhos e pense nessas pessoas, aquelas em quem mais confia: o amigo para quem liga em pânico altas horas da noite, ou a pessoa que procura quando precisa rir, sorrir ou apenas receber um abraço apertado. Quero que pense nas coisas singelas, bonitas e até mesmo esdrúxulas de que gosta nelas: o sorriso maroto, a gargalhada espalhafatosa, os bons conselhos e a necessidade constante de fazê-lo se abrir ou sorrir quando isso é a última coisa que quer fazer. Deixe que permaneçam em sua mente por alguns instantes (marque um minuto no relógio, eu vou esperar) e tente fazer que essas lembranças ocupem um pouco de espaço. Tem lugar de sobra.

Neste capítulo, falaremos sobre o papel que essas pessoas tão importantes desempenham em sua luta contra os monstros no seu cérebro. É bom ter em mente algumas delas neste momento, pois são exemplos concretos de pessoas que podem fazer parte de sua rede de apoio. A partir de agora, vamos aprender a identificá-las, como ajudá-las a ajudá-lo e também o quanto podem ser valiosas para melhorar sua saúde mental.

QUEM SÃO AS PESSOAS QUE REALMENTE CONTAM E COMO ENVOLVÊ-LAS

Uma rede de apoio é exatamente o que parece: as pessoas de seu círculo a quem pode recorrer quando precisar de ajuda e apoio.

A Faculdade de Serviço Social da Universidade de Buffalo, nos Estados Unidos, descreve rede de apoio social como "um grupo de pessoas – amigos, familiares e pares – a quem podemos recorrer em busca de apoio emocional e prático. Na escola, os colegas, funcionários e professores podem oferecer assistência; e, quando iniciamos a carreira profissional, os colegas de trabalho também podem ser fontes de apoio".[15]

São as relações importantes que você vai cultivando ao longo da vida: seus pais ou responsáveis, irmãos e amigos. Não importa há quanto tempo vocês se conhecem. Minha rede de apoio é formada por pessoas que me conhecem desde antes de eu nascer, pessoas que conheci na faculdade e pessoas que conheci há menos de um ano, entre tantas outras. *Nunca* é tarde demais para encontrar sua "gente".

Segundo a dra. Patel-Dunn: "Sua rede de apoio pode incluir amigos, colegas, professores e orientadores pedagógicos. Acho que quanto maior ela for, melhor, porque nunca se sabe quando teremos um dia ruim e quem poderá nos ajudar.".[16]

PLAYLIST DE SAÚDE MENTAL VOL. 2

NÃO TEM PROBLEMA NENHUM CHORAR – NA VERDADE, ESTOU CHORANDO NESTE EXATO MOMENTO

Estas músicas garantem um choro catártico, excelente para desintoxicar o organismo. Testei todas pessoalmente. Pela ciência.

- "Landslide" – Fleetwood Mac
- "I Think It's Going to Rain Today" – Nina Simone
- "Time" – Tom Waits
- "Until I Am Whole" – the Mountain Goats
- "To Wish Impossible Things" – the Cure
- "The Conversation" – Motion City Soundtrack
- "Class of 2013" – Mitski
- "The Devil in My Bloodstream" – the Wonder Years
- "Feels like Home" – Chantal Kreviazuk
- "Fast Car" – Tracy Chapman
- "The Story" – Brandi Carlile

Essas são as pessoas em quem você confia e com quem se sente à vontade para ser sincero em relação à sua saúde mental. É com elas que você se abre – seja em sessões de desabafo, sermões, conversas motivacionais ou um chorando no ombro do outro. São as pessoas que estão sempre prontas a lhe dar amor (mas, ao mesmo tempo, ser firmes), que o tiram da cama, oferecem uma refeição razoavelmente decente e o fazem lavar o moletom que usou a semana toda. Ou podem ser as pessoas que o ajudam a arrumar a bagunça do seu quarto, a organizar suas anotações antes de uma prova importante e a encontrar soluções para seus problemas mais pesados. Às vezes, quando são muito próximas, são aquelas que notam que você está passando por um momento difícil antes mesmo que toque no assunto. E são as pessoas pelas quais você faria o mesmo caso precisassem.

Pode ser que algumas pessoas que você conhece venham à mente de imediato. Talvez você esteja se perguntando como ter certeza de que elas querem fazer parte de sua rede de apoio. Nem sempre é algo formal que você tem de dizer em voz alta, mas, sim, algo tácito. Mas se quiser ter certeza, pergunte. Não é fácil pedir ajuda ou apoio, pois pode dar a impressão de vulnerabilidade. Por isso comece com alguém que o faça se sentir acolhido e seguro (pense nas pessoas queridas do seu exercício de visualização, por exemplo). Conte a ela o que você está passando e diga o que precisa. Alguns exemplos de perguntas são: "Tenho me sentido deprimido e gostaria que você entrasse em contato comigo esta semana se não tiver notícias minhas.", "Tive um dia péssimo! Tem um tempinho para me ouvir? Preciso desabafar.", ou "Pode me dar um abraço?".

Esses são os adultos com quem você pode falar sem ficar com medo de ser julgado ou punido. Pode haver uma interação entre sua equipe de saúde e os adultos de sua confiança sobre os quais falamos no Capítulo 2, uma vez que eles também fazem parte de sua rede de apoio! Muitos psicólogos e psiquiatras usam outros meios para manter contato com o paciente (como enviar mensagens de texto e trocar *e-mails* entre as sessões) ou estratégias de assistência no caso de não estarem disponíveis para ajudar os pacientes que estão passando por uma crise ou precisam de apoio relacionado aos problemas discutidos durante as sessões.

EM DEFESA DO APOIO ENTRE PARES

Em quase todos os aspectos de sua vida, sempre haverá pessoas capazes de compreendê-lo de verdade e de entender o que se passa em relação à sua saúde mental. É provável que não encontre essas pessoas somente entre seus amigos, mas também em seu círculo mais amplo.

De acordo com inúmeras pesquisas, pessoas de todas as idades que contam com o apoio dos pares (tanto *on-line* como na vida real) obtêm resultados melhores em relação à redução dos sintomas de depressão, aliado a intervenções tradicionais. A capacidade de se conectar com os pares e estabelecer relações de apoio "[contribui] para melhorar a resposta e aumentar a segurança, eficácia e eficiência dos serviços de saúde mental e... para torná-los mais centrados nas pessoas", observa um estudo. Além disso, faz as pessoas desempenharem um papel ativo em sua própria recuperação e na dos outros, "promovendo esperança, empoderamento e autoconfiança e expandindo as redes sociais de apoio".[17]

Para os adolescentes, pode ser mais fácil falar com outros jovens, sobretudo quando se sentem constrangidos ou intimidados em se abrir com os pais ou outros adultos.

A ajuda mútua entre os pares é essencial, sobretudo no caso de jovens que buscam cuidados de saúde mental pela primeira vez, diz Seli Fakorzi, psicoterapeuta especializada na saúde mental de jovens. Ela é diretora da área de saúde mental da TimelyMD, empresa de saúde virtual que oferece recursos de saúde mental para *campi* universitários nos Estados Unidos.

"Se não é o próprio estudante que entra em contato [com a TimelyMD], é um amigo", afirma Fakorzi. "Muitos jovens nos procuram porque estão preocupados [com os amigos]. Mas, para muitos estudantes, o simples fato de saber que um amigo está preocupado com eles tem sido um fator decisivo em sua melhora. Um amigo de sua idade que os incentiva a procurar o apoio e o tratamento de que precisam."[18]

Fakorzi tem visto exemplos de jovens que procuram ajuda para os amigos. A equipe dela atendeu uma caloura universitária que disse à terapeuta, em tom de brincadeira, que havia sofrido *bullying* de duas amigas íntimas para que fizesse terapia.[19] As amigas, ao perceber que ela exibia sinais de depressão, ficaram ao seu lado o tempo todo e a ajudaram a marcar sessões de terapia, a falar de suas experiências, de seus sintomas e dos aspectos que queria priorizar no tratamento. Será que foi difícil para a profissional de saúde tratar a paciente e lidar com um grupo protetor formado por jovens de 17 e 18 anos? Talvez. Mas será que a equipe toda não ficou impressionada com o grande carinho e o apoio demonstrados pelas adolescentes de uma residência estudantil? Com certeza.

"Sua comunidade e as pessoas ao redor, seu grupo mais próximo, se preocupavam tanto com ela que apelaram para uma intervenção *à força* para garantir que recebesse a ajuda de que precisava"[20], disse Fakorzi.

Nem sempre você sentirá que as pessoas à sua volta estão do seu lado, mas isso não significa que está sozinho. Você poderá sentir um grande consolo ao entrar em contato com outros jovens *on-line* ou na sua comunidade que também enfrentam problemas de ansiedade e depressão.

MAS O QUE FAÇO SE NÃO ENTENDEREM MINHA SITUAÇÃO?

Quero abordar essa questão logo, pois cuidar da saúde mental e tentar se curar é um esporte de equipe – não se espera que alguém faça isso sozinho. Mas, como cada um empreende a própria jornada rumo à saúde mental e à recuperação, e todo mundo tem um ponto de vista diferente em relação a quase tudo, pode ser difícil fazer que todos fiquem alinhados (ou, pelo menos, em sintonia). Às vezes, as pessoas que amamos ou em quem confiamos não estão preparadas para essas conversas, ou também têm relações complicadas com a saúde mental, o que as tornam aliadas pouco produtivas nessa luta.

Dependendo de onde você mora, de sua formação e criação, sua família e sua comunidade podem ter uma grande variedade de atitudes em relação à saúde mental e ao tratamento de transtornos mentais. Com base em suas experiências, é bem possível que você tenha uma série de ideias e regras muito diferentes das de alguns de seus amigos (mesmo que não as tenha manifestado), e que todos vocês tenham opiniões diferentes das de seus pais e avós. As diferenças culturais também podem desempenhar um importante papel na maneira como as famílias e várias comunidades abordam a saúde mental. Estudos revelam que essas diferenças podem influenciar o modo como as pessoas descrevem seus sintomas a um profissional de saúde, os mecanismos e as estratégias de enfrentamento que lhes atraem e o acesso delas aos recursos, bem como a confiança de que o sistema de saúde poderá ajudá-las.

Nas palavras da dra. Patel-Dunn:

> Acho que no caso de adolescentes cujos pais não são muito participativos ou comprometidos, é possível reconhecer a existência de diferenças geracionais. Para os pais e avós, esse não é um assunto a ser tratado na hora do jantar. Não se fala sobre isso. Dependendo do nível cultural da família, não é algo aceito. Portanto, acho que devemos dar um tempo e incentivar os jovens a se abrirem – do mesmo modo que incentivo os pais a dar bons exemplos aos filhos. Acho que todos devemos servir de modelo de comportamento para os amigos, familiares e entes queridos, para as crianças e até mesmo para os idosos.[21]

Isso significa que uma pessoa querida talvez não consiga ou não esteja disposta a reconhecer o caminho que você está trilhando ou a percorrê-lo ao seu lado. Talvez faça pouco caso ou diga coisas que magoam, ou não ofereça seu apoio nem participe ativamente das discussões que você quer ter sobre saúde mental.

Se alguém importante na sua vida ou em quem confia desdenha de seus sentimentos, diz que não pode ajudá-lo ou o conduz em uma direção que, ao que tudo indica, não vai solucionar o problema, é mais do que natural procurar outra pessoa. Caso se depare com esse tipo de reação, lembre-se de que *jamais* deve sentir vergonha de tentar recorrer aos adultos ao seu redor que deveriam ajudá-lo. Embora os mecanismos cerebrais dos seres humanos sejam praticamente os mesmos, todos temos ideias distintas e complexas em relação ao que significa cuidar da mente e ao tipo de ajuda que podemos e devemos buscar.

E SE EU ME SENTIR ESTRANHO OU ACHAR QUE ESTOU PEDINDO DEMAIS?

Esse não é um sentimento incomum, sobretudo se estiver ansioso ou deprimido e tiver receio de pedir ajuda. Mas, na verdade, a resposta é simples: as pessoas querem ajudar.

A dra. Patel-Dunn disse o seguinte: "Se você tem lidado com problemas de saúde mental, entenda que muitas de suas figuras parentais também passaram por isso. Talvez não da mesma maneira, mas todos passamos por isso. Portanto, lembre-se de que as pessoas de fato querem ajudar. Por natureza, nós, como sociedade, somos bastante humanitários. Queremos mesmo ajudar e nunca é inconveniente. Ninguém acha que é um incômodo.".[22]

Essa última parte foi algo que demorei para internalizar quando era adolescente e enfrentava problemas de saúde mental. Os monstros dentro do seu cérebro conseguem fazê-lo acreditar que você não merece a ajuda e o amor que as pessoas oferecem – e como é que poderia aceitar essas coisas boas se, de certa forma, odeia a si mesmo? Eu não queria ser um incômodo nem um fardo, e custei a entender que os amigos e minha família estavam sendo compreensivos e carinhosos. Costumávamos brigar por esse motivo: eles insistiam em querer me ouvir e me apoiar, e eu, fazendo o trabalho dos monstros no meu cérebro, dizia aos meus entes queridos para não se incomodarem, que não queria que se sentissem obrigados.

COISAS QUE NÃO SE DEVE DIZER A ALGUÉM QUE ESTÁ ENFRENTANDO PROBLEMAS DE SAÚDE MENTAL

Um dos efeitos colaterais nada agradáveis de se lidar com transtornos mentais entre pessoas que *não compartilham necessariamente* dessa luta é que elas tentam ajudar e, às vezes, fracassam.

Dado a grande diversidade de abordagens à saúde mental e ao bem-estar, bem como a individualidade de cada um, as mesmas perguntas ou comentários podem ofender ou não uma pessoa com problemas de depressão ou ansiedade. As pessoas não são iguais; portanto, tenha bom senso! Eis algumas perguntas que, de modo geral, não devem ser feitas a alguém que está com depressão ou ansiedade, ao contrário do que se possa pensar.

Por que você está deprimido/ansioso? Essa é uma pergunta indelicada. Se o restante do livro ainda não deixou bem claro, vários fatores podem contribuir para o quadro de depressão ou ansiedade de alguém. Se não houver uma relação íntima de amizade para que a pessoa se abra com você, perguntar sobre conflitos interiores pode ser bastante indelicado e invasivo. Tal atitude pode ser interpretada como intromissão ou desdenho, e não seria nem um pouco gentil insinuar que ela não tem direito às próprias emoções ou experiências.

Já experimentou fazer yoga/corrida/acupuntura? Embora quem dê esse tipo de conselho não solicitado esteja tentando ser gentil e carinhoso, pode ser arriscado sugerir que alguém que está tendo dificuldades com suas emoções – vivendo de bolachas e mal escovando os dentes – só precise incluir uma rotina de exercícios na vida dela. Isso pode dar a impressão de que é apenas mais uma tarefa para ela realizar, além da pilha que já tem.

Talvez seja mais útil falar a respeito de algo de que gosta e considera restaurador e revigorante (como yoga) sem fazer pressão nem dar a entender que irá resolver os problemas dela – sobretudo se estiver falando com alguém que já revelou um lado espiritual ou esportivo antes. Em particular, se alguém estiver com problemas de saúde física e você não for seu médico, será melhor não dar conselhos de saúde que não foram solicitados.

Meu [primo/tio/irmão/o cachorro do meu melhor amigo] estava deprimido e agora está muito bem. Esse não é um comentário totalmente execrável. Sugerir que há esperança e que existem pessoas que já superaram crises de saúde mental não é, por si só, ruim. Porém, às vezes, ouvir falar do êxito alheio sem ter perguntado e enquanto o monstro ainda está chutando o seu traseiro pode colocar ainda mais lenha na fogueira da autodepreciação.

Alegre-se, vamos ou não fique tão ansioso! Repito, as pessoas que dizem isso, em geral, querem ajudar. Querem que você consiga ficar alegre, e não ansioso, deprimido ou ambos. Mas apenas dizer "pare de se sentir assim" pode ser inútil (outra vez) e enlouquecedor, pois garanto que a pessoa deprimida ou ansiosa escolheria deixar de se sentir assim se pudesse. E eu não estaria escrevendo este livro.

Além disso, esse tipo de comentário pode fazer que uma pessoa que está enfrentando problemas de saúde mental se volte para dentro de si mesma e se feche. Em vez de fazê-la confirmar e reconhecer as experiências dela, esses comentários transmitem a ideia (equivocada e improdutiva) de que ela simplesmente não está se esforçando o suficiente para se sentir melhor.

Dica profissional: Muitas dessas conversas incômodas e improdutivas podem ser evitadas se ouvirmos a pessoa que está com problemas de saúde mental e esperarmos para ver se ela pede conselhos ou soluções a partir de outra perspectiva. Quando ouvimos e damos conselhos apenas quando solicitado, não corremos o risco de ferir os sentimentos alheios nem desqualificá-los sem querer, o que é muito bom.

Mas esse tipo de relacionamento, que você tem com as pessoas da sua rede de apoio, é muito difícil. Elas querem que você saia dessa situação e podem ser tão persistentes quanto qualquer monstro no cérebro.

Depois que passei a confiar em minha rede de apoio, eu sempre pensava em como poderia agradecer ou retribuir àquelas pessoas por terem ficado ao meu lado. E elas me apoiaram muito, de todas as maneiras possíveis. Graças a isso pude me concentrar em minha recuperação.

Muitas também me mostraram as diversas maneiras como eu poderia ajudá-las (e a outras pessoas queridas) no futuro. E percebi que poderia fazer o mesmo por elas quando precisassem.

O apoio mútuo também realimenta as relações, tornando-as mais fortes, mais profundas e ternas ao mesmo tempo em que cresce juntos. Porém, lembre-se de que esse tipo de apoio não é uma transação – não é algo que precisa ser retribuído exatamente na mesma medida ao longo do tempo (por exemplo, alguém o consolou três vezes e, agora, você tem de assistir a três crises de choro, no mínimo, de mesma intensidade). Além disso, ninguém pode ser a única fonte de apoio de ninguém. As relações não funcionam assim. Mas você pode começar a aprender e a entender de que maneira poderá apoiar as pessoas que fazem parte de sua vida assim que começar a melhorar (e constatar como é boa a sensação de oferecer seu apoio a alguém).

É como retribuir não só a energia que recebeu quando precisava, mas também a compaixão, a paciência e a boa vontade delas, se alguma vez estiverem em uma situação semelhante. Mas pode significar também passar tempo de qualidade com uma pessoa, auxiliando-a nas pequenas coisas do dia a dia que fazem que você faça parte da vida dela, bem como valorizar e respeitar a individualidade, os limites e as necessidades dela de um modo que pareça justo para ambas as partes. Não existe uma única maneira "correta", indiscutível, de fazer amizade ou estabelecer uma conexão humana perfeita (e não espere isso nem de si mesmo nem dos outros). Comece expressando sua gratidão: "Obrigado por ficar ao meu lado quando precisei. Sou muito grato".

Creio que nós, seres humanos, somos melhores quando cuidamos uns dos outros. Isso nos leva de volta ao pequeno exercício que descrevi no início deste capítulo. Quero que traga de volta aquelas pessoas à sua mente. Em seus momentos de serenidade, pense nelas com gratidão, apreço e amor. É assim que poderá agradecê-las e retribuir seu apoio. Essa é a parte boa.

CAPÍTULO 4

Este Lugar Sombrio

Aviso de conteúdo sensível: Embora grande parte deste livro trate de temas potencialmente angustiantes e perturbadores, este capítulo, em especial, falará de maneira bastante explícita sobre ideação suicida e comportamento autolesivo em jovens. É perturbador, e pode ser um gatilho para alguns leitores, então use seu bom senso para avaliar se deve ou não ler e assimilar esses tópicos. Se ainda não estiver pronto para ler sobre isso, vá direto para o próximo capítulo.

Se não souber como está se sentindo e não se sentir à vontade em prosseguir a leitura, não hesite em fazer uma pausa, dar uma volta, tomar um copo d'água ou conversar com alguém querido.

E caso você ou alguém que conhece estiver passando por uma emergência de saúde mental ou tendo qualquer um dos pensamentos descritos neste capítulo, procure ajuda – ou das pessoas que você ama ou de profissionais que têm os meios para ajudá-lo. A seção de recursos traz mais informações sobre isso (ver páginas 141-142), mas lembre-se de que, no Brasil, você pode entrar em contato com o Centro de Valorização da Vida (CVV) pelo telefone 188, que funciona 24 horas por dia, sete dias por semana, e sem custo de ligação. É possível entrar em contato também por *chat*, *e-mail* ou pessoalmente em alguns endereços. Você é muito, muito importante, e nunca estará sozinho. O aspecto primordial que os especialistas destacam ao falar sobre suicídio é que é possível preveni-lo – e com certeza esses pensamentos podem ser superados, controlados e tratados.

Dito isso, vamos falar sobre esse assunto, embora seja assustador, triste e difícil. Porque quando se trata de buscar ajuda para nossa saúde mental, o silêncio nunca ajuda.

SUICÍDIO E AUTOLESÃO: VAMOS AOS NÚMEROS

Nos Estados Unidos, o suicídio é a terceira principal causa de morte de jovens entre 12 e 19 anos, e a segunda na faixa etária de 10 a 14 anos, de acordo com o Centro de Controle e Prevenção de Doenças (Center for Disease Control and Prevention – CDC). A taxa de atendimento no pronto-socorro por lesões autoinfligidas é quase três vezes maior entre jovens de 10 a 24 anos do que entre pessoas de 25 anos ou mais. Em 2019, o número de casos entre meninas foi o dobro do observado em meninos, e duas vezes mais alto do que o registrado há vinte anos. Esses números subiram durante a pandemia; nesse período, os atendimentos no pronto-socorro por suspeita de tentativa de suicídio aumentaram entre os jovens de 12 a 17 anos – um aumento de 50,6% entre as meninas e de 3,7% entre os meninos.

Segundo o CDC, as tentativas de suicídio são mais frequentes entre meninas (11%) do que entre meninos (6,6%), mas os meninos têm uma probabilidade de três ou quatro vezes maior de vir a óbito. Como as coletas de dados não levam em conta a realidade de como as pessoas vivenciam o gênero, esses números não incluem se os adolescentes da estatística são cisgênero ou transgênero, tampouco incluem pessoas não binárias. Embora os dados sobre jovens transgênero e não binários sejam um pouco mais escassos, um estudo realizado pelo CDC em 2019 revelou que 35% dos adolescentes trans entrevistados relataram terem tentado suicídio nos doze meses anteriores. De acordo com o National Center for Transgender Equality (Centro Nacional para a Igualdade de Pessoas Transgênero), "A prevalência de tentativas de suicídio ao longo da vida é de 40%" entre os adultos transgênero.[23]

A estatística mostra que por volta de 2.877 adolescentes morrem por suicídio todos os anos. Um em cada seis alunos do ensino médio disse que "considerou seriamente" a possibilidade de suicídio, e um em cada treze afirmou ter tentado suicídio uma ou mais vezes, de acordo com o Suicide Prevention Resource Center (Centro de Recursos para a Prevenção de Suicídio).[24] Os adolescentes que se identificam como lésbicas, *gays*, bissexuais, transgênero, gênero dissidente ou *queer* também são quatro vezes mais propensos a ter pensamentos suicidas que os adolescentes heterossexuais, afirma o CDC, sendo que os adolescentes bissexuais são os que têm mais propensão a ideação suicida nesse grupo. Pessoas que pertencem a grupos raciais marginalizados (sobretudo indígenas) e pessoas com deficiência têm mais probabilidade de tentar suicídio do que pessoas brancas e sem qualquer tipo de deficiência, o que mostra que enfrentar os problemas sistêmicos e a desigualdade faz parte da prevenção.

Por um lado, os números são preocupantes, mas é importante conhecê-los. Essas estatísticas revelam a existência desse grave problema e nos mostra o que podemos fazer melhor. Por outro lado, o número de tentativas de suicídio permaneceu estável desde o final da década de 1990 até meados da década de 2010, mas o número de tentativas de suicídio que resultaram em óbito aumentou. Isso tem muito a ver com os métodos de autolesão escolhidos pelos adolescentes:

"O uso cada vez maior de métodos de autolesão altamente letais representa um desafio significativo na área de saúde pública. Não se sabe por que os adolescentes estão recorrendo a métodos mais letais para tentar o suicídio", disseram os pesquisadores. "Uma hipótese aventada por alguns deles é de que a culpa seria do contágio social, ou seja, maior exposição ao suicídio poderia induzir indivíduos de alto risco a tentar tirar a própria vida, mas não existem respostas definitivas. É preciso que sejam feitas mais pesquisas para entender os fatores subjacentes que estão por trás dessa tendência. Enquanto isso, os programas de prevenção do suicídio devem continuar se empenhando para abordar as causas, ao mesmo tempo em que reconhecem que o risco de morte em uma tentativa de suicídio está aumentando".[25]

A perda desses jovens é um dano imediato e urgente, e temos de estudar esse problema com o máximo de cuidado, compreensão e atenção.

COMO IDENTIFICAR ESSES SENTIMENTOS EM ADOLESCENTES E O QUE O FAZER

A adolescência é um período bastante estressante. É uma época em que o corpo e o cérebro do adolescente passam por mudanças, e à medida que ele adquire mais independência, a responsabilidade e o conhecimento do mundo também mudam. Esse período de transição, aliado a outros fatores capazes de causar problemas de saúde mental, podem levar alguns adolescentes a terem ideação suicida, ou seja, a desejarem morrer. Existe também a ideação suicida passiva, o desejo de deixar de viver ou a indiferença em relação a estar vivo (sem planejar ou ter necessariamente a intenção de tirar a própria vida). Os adolescentes com ideação suicida, quando comparados a seus pares, têm maior propensão a adotar comportamentos que poderiam ser prejudiciais ou letais para si próprios.

Esse tipo de sentimento pode ser particularmente problemático para os jovens, porque, como comentamos em capítulos anteriores, seu cérebro ainda está em processo de desenvolvimento e amadurecimento, que prossegue até o início da idade adulta. Como a parte impulsiva e reativa do cérebro (o corpo amigdaloide) se desenvolve cedo e a parte que processa o raciocínio e as emoções (o córtex pré-frontal) se desenvolve mais tarde, os adolescentes têm uma tendência maior que os adultos a reagir a questões emocionais, desespero ou conflito com respostas mais extremas estimuladas pelo corpo amigdaloide. Isso significa que é importantíssimo que os jovens tenham meios de se familiarizarem com esses sentimentos, sentirem-se à vontade em relação a eles e pedirem ajuda aos adultos ao redor.

Os especialistas que estudam o suicídio e a ideação suicida acreditam que, nesses pensamentos e comportamentos, existe um espectro que vai desde a ideia ou desejo que vem à mente (mesmo que sejam pensamentos intrusivos que, na realidade, a pessoa não quer), passando por sentimentos mais passivos, até um território ainda mais perigoso de planejamento ou tentativa de suicídio, de fato.

Entre os sinais de que uma pessoa jovem corre um risco altíssimo de cometer suicídio, de acordo com a American Foundation for Suicide Prevention (Fundação Americana para Prevenção do Suicídio), estão:

- falar em fazer mal a si mesmo ou se matar ou ameaçar fazê-lo;
- tentar ter acesso a armas de fogo, comprimidos ou outras coisas que possa usar para fazer mal a si mesmo;
- escrever sobre morte, morrer ou suicídio (quando esse comportamento for fora do normal).

Sinais de que uma pessoa jovem possa estar passando por uma crise suicida incluem:

- sentir-se desesperançoso ou ansioso ao extremo;
- ter dificuldade para dormir ou sono em excesso;
- dizer que "não tem razão" para viver, que "não vê propósito ou sentido na vida" ou que se sente "encurralado";
- aumento do consumo de álcool ou drogas;
- afastar-se dos amigos, familiares e conhecidos;
- sentir raiva, ira descontrolada ou desejo de "vingança";
- adotar comportamentos imprudente e arriscados;
- apresentar mudanças extremas de humor;
- doar pertences ou parecer estar se despedindo das pessoas.

Outros fatores situacionais também podem aumentar o risco para uma pessoa jovem, de acordo com a Universidade de Medicina John Hopkins. Pensamentos ou comportamentos suicidas são mais comuns entre adolescentes que:

- têm histórico de problemas de saúde mental ou abuso de substâncias, vivem em situação de pobreza ou passaram por eventos traumáticos (como a morte de um dos pais ou maus-tratos);

- têm histórico familiar de suicídio ou violência;
- estiveram no sistema prisional ou têm familiares que estiveram presos;
- têm acesso a armas de fogo ou outros tipos de arma em casa;
- foram expostos a comportamentos suicidas na família, entre seus pares ou através das mídias de comunicação.

PLAYLIST DE SAÚDE MENTAL VOL. 3

EI, VOCÊ É AMADO

Às vezes só precisa ser lembrado disso.

"It's You I Like" – Lake Saint Daniel

"All Your Favorite Bands" – Dawes

"New Year's Day" – Taylor Swift

"Soft Spot" – Claud

"Chiquitita" – ABBA

"The Only Living Boy in New York" – Simon & Garfunkel

"I Hope You're Okay" – Olivia Rodrigo

"Moving Parts" – Trixie Mattel

"Wildflowers" – Tom Petty

"Two Doors Down" – Dolly Parton

"Please Stay" – Lucy Dacus

Se você ou um amigo estiver vivenciando algum desses sentimentos, procure imediatamente um adulto de confiança para obter ajuda. Diversos fatores podem fazer que alguém tenha pensamentos suicidas. Os especialistas destacam que a ideação suicida costuma estar relacionada com problemas que podem ser resolvidos – seja tratando a ansiedade e a depressão (como já falamos) ou abordando outros problemas do seu entorno – e que essas crises podem muito bem ser solucionadas. Nunca guarde esses sentimentos para si nem deixe de falar por vergonha.

A DUPLA PERVERSA: SILÊNCIO E ESTIGMA

Muitos adultos evitam falar a respeito de suicídio, sobretudo com os jovens. O motivo desse silêncio talvez seja que a ideia de perder alguém (um amigo, parente ou conhecido e *sobretudo* uma criança ou um adolescente) em decorrência de um problema como esse é aterrorizante e desoladora para os adultos. Queremos vê-los prosperar, obter sucesso e alcançar a felicidade, seja ela o que for. Estamos tão focados nas esperanças que depositamos nos jovens que, às vezes, não conseguimos enxergar a dor deles, muito menos ajudá-los a superá-la. Isso, combinado com as atitudes que algumas pessoas de gerações mais velhas têm em relação ao suicídio e a pressão que muitos jovens sentem para fingir que estão bem ou até mesmo que são felizes, cria uma tempestade perfeita de silêncio e estigma, os melhores amigos dos monstros do cérebro. Mas os especialistas sabem que o silêncio não é a solução.

Segundo a dra. Patel-Dunn, que tem duas filhas, às vezes essa conversa pode ser simples, em que os pais ou um adulto de confiança indicam os recursos de linha direta para pessoas em crise. Dessa forma, eles reconhecem que esses sentimentos são reais, relembram o fato de que muitas pessoas já conseguiram superá-los e transmitem a mensagem de que querem que se sintam à vontade para procurá-los em busca de ajuda.

Todos os psicólogos, psiquiatras e membros da comunidade com os quais conversei disseram que é muito importante que os pais ou responsáveis conversem sobre isso com crianças e adolescentes – e que essas conversas sejam abertas, sensíveis e deixem claro que a prioridade absoluta é fazer que os jovens tenham todos os recursos necessários para cuidar de sua saúde mental. Estudos revelam que a redução do estigma (o trabalho ativo para tornar essas conversas mais fáceis e mais produtivas) beneficia os jovens, possibilitando que fiquem mais propensos a buscar a ajuda de que precisam e a superar o silêncio e a vergonha. Afinal, fingir que o suicídio e a ideação suicida não existem, esperando que ninguém que você ame passe por isso ou acreditando no mito de que trazer o assunto à tona pode colocar ideias na cabeça dos jovens, além de ser inútil é perigoso.

Nas palavras da dra. Patel-Dunn, "Estamos vivendo uma crise de saúde mental em relação aos nossos jovens, e as taxas de suicídio aumentaram. Portanto, a situação é crítica. As pessoas pensam: 'Não vou falar sobre isso com meu filho, pois não quero colocar ideias na cabeça dele', e esse é um grande equívoco. Conversar com seu filho, manifestar apoio como 'Você consegue', ou 'Estou aqui, podemos buscar ajuda' e manter uma postura aberta [faz toda a diferença]. Vamos falar sobre isso com nossos amigos! Vamos falar sobre isso com nossos filhos! Vamos reconhecer que estamos passando por um momento difícil em muitos aspectos".[26]

Esses sentimentos sombrios são assustadores para todos os envolvidos. Mas são ainda mais assustadores quando mantidos em segredo e considerados vergonhosos, ou quando se acredita que só o fato de expressá-los em voz alta possa criar problemas ou causar dor. Admitir a existência desses sentimentos, bem como o fato de serem totalmente administráveis, não só reduz o estigma como também faz que os jovens que têm ideação suicida busquem, com calma, opções de intervenção e tratamento, como:

- **Intervenções breves.** Em caso de crise iminente, esse não é o melhor momento para falar sobre planejamentos e soluções de longo prazo. É bem provável que a pessoa não esteja com cabeça para isso, e a preocupação mais imediata se torna evitar danos. É aí que entram em cena as intervenções breves. Segundo a Fundação Americana para Prevenção do Suicídio, essas intervenções conseguem "reduzir o perigo e ajudar as pessoas a atravessar períodos de alto risco".[27]
- **Intervenção de planejamento de segurança.** Nesse tipo de intervenção, o profissional de saúde trabalha com a rede de apoio a fim de elaborar um plano para ajudar alguém que esteja passando por uma crise. Desenvolvido por Barbara Stanley e Gregory Brown, a intervenção de planejamento de segurança consiste em monitorar os sinais de alerta; identificar atividades ou locais que possam desviar a atenção de pensamentos autolesivos; indicar outras pessoas capazes de auxiliar nessa distração, falar sobre sentimentos e oferecer apoio (além de profissionais que possam dar assistência); dispor de contatos de emergência (como as linhas diretas de ajuda mencionadas no início do capítulo); elaborar um plano para diminuir o acesso a meios que possam ser utilizados para fazer mal a si mesmo; e falar com o indivíduo sobre as esperanças de futuro e as razões para continuar vivendo.

- **Aconselhamento sobre meios letais.** Assim como uma das etapas da intervenção de planejamento de segurança, a prioridade do aconselhamento sobre meios letais é impedir o acesso a métodos e meios que alguém possa usar para fazer mal a si próprio durante uma crise suicida. Aliando os esforços do indivíduo com os da família, dos amigos e sua rede de apoio, essa intervenção reconhece que é impossível prever uma crise com precisão, mas impedir o acesso aos meios que podem ser usados para infligir ferimentos a si mesmo reduz substancialmente o risco de que uma tentativa seja letal.
- **Plano de resposta a crises.** Criado por Craig Bryan e David Rudd, o plano de resposta a crises analisa os comportamentos, os sentimentos e as experiências de vida que levaram alguém a desenvolver ideação suicida e, em seguida, cria uma narrativa escrita explorando os fatores de risco (por exemplo, ambientais, médicos e genéticos) e as experiências específicas dessa pessoa relacionadas à ideação. O objetivo é descobrir sinais de alerta, estratégias de autocontrole e tratamento, redes de apoio, etapas a serem seguidas em caso de emergência e as muitas razões para continuar vivendo.
- **Opções terapêuticas.** Embora haja sugestões de métodos terapêuticos apresentados nas páginas 48 e 49, algumas das terapias benéficas para pessoas que têm sentimentos suicidas são: avaliação colaborativa e gestão da suicidalidade; terapia cognitivo-comportamental para prevenção de suicídio; terapia comportamental dialética; terapia familiar baseada no apego; e terapia para transtorno do luto prolongado.

- **Medicação.** O profissional de saúde, os pais ou responsáveis e o próprio indivíduo podem conversar sobre o papel da medicação no tratamento. Alguns medicamentos comuns considerados nesses cenários são carbonato de lítio, clozapina, cetamina e outros antidepressivos.

CONSELHOS PARA AJUDAR ALGUÉM QUE ESTÁ SOFRENDO

É difícil ver uma pessoa querida lutando com problemas de saúde mental – seja por causa de pensamentos suicidas ou por algo menos extremo. Detestamos ver nossos amigos e familiares sofrendo e queremos fazer tudo o que estiver ao nosso alcance para ajudá-los a melhorar, de preferência o mais rápido possível. Mas como eu disse, leva um tempinho para vencer os monstros do cérebro. Ao mesmo tempo, eles prosperam quando a pessoa está isolada.

Quando estamos à margem da batalha, vendo de fora, podemos nos sentir impotentes. Não sabemos por onde começar, e não queremos dizer ou fazer algo errado e piorar ainda mais a situação. No entanto, o fato de nos importarmos com a pessoa e querermos fazer isso com amabilidade e compaixão *é* um bom começo. Eis algumas atitudes simples para dar ao nosso ente querido o que ele precisa nessas horas:

- **Reafirmar.** Grande parte das coisas mais inconvenientes e despropositadas que as pessoas podem dizer sobre a saúde mental de alguém é consequência de desdém ou negação. Às vezes, só o fato de demonstrar que você está vendo e ouvindo aquela pessoa (quer dizer, vendo e ouvindo de verdade) pode ser de grande ajuda, e faz que ela saiba que pode confiar em você.

- **Perguntar.** Aquela pessoa querida é a única que sabe, de fato, como se sente. As perguntas acerca de suas experiências podem começar por algo simples como "Há algo que eu possa fazer para você neste momento?" ou "Quer conversar sobre isso?". Dependendo do grau de confiança e conexão entre vocês, podem conversar com mais sinceridade sobre a situação ou tentar, juntos, obter ajuda e apoio extras (se ela ainda não tiver). Essas perguntas também podem prepará-lo para ouvir com atenção, o que o ajudará ao longo do percurso.
- **Aceitar.** Uma das coisas mais importantes que meus amigos e minha família fizeram por mim quando eu estava mal foi dizer "Sei que está sofrendo e que está passando por um momento muito difícil. Mas estarei sempre ao seu lado" e passar a tarde assistindo a filmes comigo ou apenas sentados em silêncio sem tentar "me consertar". Às vezes, chamo isso de Regra de Ió (o burrinho melancólico da turma do ursinho Pooh). Só porque você está triste ou ansioso não significa que não mereça ser amado pelos amigos. Todos temos os nossos dias de Ió (semanas, meses), e não precisamos passá-los sozinhos.

O simples fato de saber que as pessoas importantes na sua vida o veem, compreendem e querem ficar ao seu lado nos momentos difíceis, mesmo que demore um pouco para você se divertir de novo, pode ser reconfortante.

CAPÍTULO 5

Você é Importante, Então, Cuide-se com Carinho

Uma das coisas mais difíceis, mas também mais importantes, quando se está travando uma batalha contra os monstros do cérebro, é amar a si mesmo. Quando você está sendo bombardeado por eles, é provável que nem *goste* tanto assim de si mesmo. Isso faz parte da estratégia deles.

Essa é outra razão pela qual é muito bom ter sua rede de apoio. Essas pessoas lhe dão amor e carinho suficientes para fazer a diferença, enquanto você se esforça para melhorar. Mas saiba que você faz parte dessa rede. E você também *precisa* de você.

É por isso que, neste capítulo, falaremos a respeito de autoestima, autocuidado e amor-próprio. Embora seus entes queridos possam ser um grande suporte nesta luta, sua capacidade de apoiar a si próprio também é muito importante. Você verá que, quanto mais unirem forças, mais fácil será. E logo se lembrará de como é fácil amar e gostar de você.

ALGUMAS CONSIDERAÇÕES SOBRE AUTOESTIMA

A American Psychological Association (Associação Americana de Psicologia) descreve "autoestima" como "o grau com que as qualidades e as características contidas no conceito que a pessoa tem de si mesma são percebidas como positivas. Reflete a autoimagem física da pessoa, a visão dela acerca das próprias realizações, capacidades e valores e o sucesso percebido em estar à altura deles, bem como o modo como os outros a veem e reagem a ela".[28] Portanto, pense em autoestima como seu nível de satisfação consigo mesmo – sua versão interior *real, sentimental e pessoal* –, e não com suas notas escolares ou com o número de seguidores que você tem nas redes sociais.

A autoestima negativa leva a pessoa a ser hipercrítica em relação a si mesma, a falar mal de si própria ou a considerar coisas normais da vida (como cometer erros ou levar mais tempo para aprender alguma coisa) como fracassos retumbantes. Ou, ainda, a comparar-se com os outros, não estar disposta a experimentar coisas novas ou ter dificuldade de enfrentar situações complexas, desagradáveis e frustrantes.

A baixa autoestima trabalha lado a lado com os monstros do cérebro. De acordo com um estudo publicado pela Association for Child and Adolescent Mental Health (Associação para a Saúde Mental da Criança e do Adolescente), "De modo geral, os jovens com depressão tendem a relatar autoestima mais baixa do que aqueles com transtornos de ansiedade, enquanto os que sofrem de ansiedade e depressão é que têm a autoestima mais baixa".[29]

E a Aliança Nacional Contra o Adoecimento Mental corrobora essa informação, acrescentando que "a baixa autoestima tende a criar um ciclo vicioso com outros problemas de saúde mental, como depressão e ansiedade".[30] Muitas vezes não fica claro o que veio primeiro ou o que causou o quê, mas esses problemas podem se reforçar entre si e fazê-lo começar a duvidar de seu valor ou a questionar se merece se sentir melhor.

Mas a autoestima pode ser alimentada, reforçada e crescer à medida que você cresce – sobretudo se você e sua rede de apoio trabalharem juntos para fortalecê-la. Estudos demonstraram que técnicas terapêuticas como a terapia cognitivo-comportamental podem ajudar pessoas que têm problema de baixa autoestima.

AUTOCUIDADO *ON-LINE* E NA VIDA REAL

A concepção de autocuidado foi um pouco distorcida na década de 2020. Embora possa trazer à mente alguns vídeos do Instagram sobre cuidados com a pele, vídeos virais de exercícios do TikTok e o uso de velas perfumadas, sua origem remonta ao ativismo médico e social das décadas de 1950, 1960 e 1970.

Usado em princípio pelos médicos para se referir às coisas que os pacientes podem fazer em prol da própria saúde para alcançar as metas de curto e longo prazos do tratamento, mais tarde o termo *autocuidado* foi adotado pelo meio acadêmico na tentativa de ajudar as pessoas a controlar o estresse e a evitar o esgotamento causado por trabalhos desgastantes física e mentalmente. No final, o termo acabou entrando nas discussões políticas mais amplas de ativistas, sobretudo mulheres negras,

O QUE É NEURODIVERGÊNCIA?

Talvez você se sinta inclinado a achar que alguns problemas e comportamentos relacionados com a saúde mental sejam "normais", e outros, "anormais". Os monstros do cérebro sussurram em seu ouvido que você deveria tentar ser normal, pois, por alguma razão, eles decidiram que é bom ser normal, o que quer que você seja é ruim. Mas não existe uma definição única de "normal", e essa maneira contraproducente de pensar em tudo em termos de preto e branco com certeza não o fará se sentir melhor. Considerar alguns cérebros normais também pode fazer que pessoas que vivem em condições diferentes, ou cujo cérebro funciona de forma distinta, sintam-se relegadas ao ostracismo. Não é esse o objetivo quando estamos tentando nos compreender e nos curar. Existe um termo melhor para essas diferenças no modo de pensar e aprender: neurodivergência.

Segundo a Cleveland Clinic, "O termo 'neurodivergente' descreve as pessoas cujas diferenças cerebrais influenciam a maneira como o cérebro delas funciona. Isso significa que elas têm pontos fortes e fracos distintos em relação às pessoas cujo cérebro não tem essas diferenças. As possíveis diferenças abrangem quadros clínicos, dificuldades de aprendizagem e outros distúrbios".[31]

Nem todas as pessoas que sofrem de ansiedade e depressão são neurodivergentes, mas é comum haver uma sobreposição de aspectos que fazem todos os diferentes tipos de cérebro serem abarcados por esse termo genérico.

Eis alguns exemplos de neurodivergência dos quais você já deve ter ouvido falar:

- Dislexia, discalculia, disgrafia e dispraxia.
- Transtorno de déficit de atenção (TDA) e Transtorno de déficit de atenção e hiperatividade (TDAH).
- Transtorno do espectro autista.

- Transtorno bipolar.
- Transtorno obsessivo-compulsivo (TOC).
- Transtorno de estresse pós-traumático (TEPT).
- Transtorno do processamento sensorial.

Quando o cérebro, mesmo sem nenhum monstro, torna-o um pouco diferente de seus pares, você precisa de tempo e reafirmação para se sentir à vontade com essas diferenças – sobretudo em ambientes projetados para cérebros neurotípicos (como a escola e o local de trabalho). Pode ser que precise de apoio extra, de perspectivas diferentes (como preferir a aprendizagem visual ou auditiva) ou tenha preferências e necessidades específicas para "recarregar as baterias", relaxar ou realizar as atividades cotidianas.

Andrew Kahn, especialista em neurodivergência, diz que "os adolescentes neurodivergentes têm maior tendência a passar por períodos em que se sentem malsucedidos ou em que se comparam com outros adolescentes 'normais' que parecem fazer as coisas com mais facilidade que eles".[32] Mas acrescenta que os adultos e todos ao redor podem fazer muitas coisas para que as pessoas neurodivergentes sejam valorizadas pelas diferenças e pela diversidade de suas experiências. É importante reconhecer que suas peculiaridades e as peculiaridades do seu cérebro *não são* fracassos pessoais – e em muitas dessas diferenças podem haver pontos fortes e aspectos empoderadores que merecem ser enaltecidos.

Segundo Kahn, "Mostrar aos adolescentes neurodivergentes seus pontos fortes e as áreas em que as diferenças podem representar vantagens únicas os ajudará a reformular sua identidade de modo positivo. Além disso, identificar áreas de crescimento para os adolescentes neurodivergentes pode ajudá-los a desenvolver as habilidades de que precisam para se entrosar e mostrar o que sabem em sala de aula ou aos seus pares".[33]

durante os movimentos feministas e de direitos civis: como as pessoas podem lutar contra problemas imensos, desafiadores e debilitantes (como a desigualdade) mantendo energia suficiente para seguir em frente? Cuidando bem de si mesmas. Mas do que se trata *realmente*?

COISAS SURPREENDENTES QUE CONTAM COMO AUTOCUIDADO

Meus *TikToks* favoritos durante a pandemia eram aqueles em que as pessoas, embora relutantes, propunham-se a fazer coisas que sabiam ser boas para a saúde mental delas. Por exemplo, sair para "dar uma voltinha" e "tomar um pouquinho de sol". Eu mesma acho que devemos fazer coisas benéficas para o corpo e a mente, mesmo que pareçam incômodas ou sejam a última coisa que queremos fazer, ou, ainda, que façamos de má vontade. Sobretudo se for para irritar um monstro do cérebro.

No meu caso, depois que dei esses primeiros passos singelos e tomei essas pequeninas primeiras medidas de autocuidado, senti-me mais capaz e mais disposta a seguir em frente. As pequenas coisas são importantes porque temos a nítida sensação de que realizamos muito com um esforço mínimo.

Esta é a minha lista pessoal de sugestões de coisas simples para um "mínimo indispensável" de amor-próprio:

- **Dar uma voltinha.** Saia da cama macia, do casulo de cobertor ou do sofá. Mexa as pernas, depois o corpo todo, tome um pouco de ar fresco e deixe os raios de sol acariciarem sua pele. Não importa se for só até a caixa de correio e voltar, se for dar uma volta pelo bairro ou, quem sabe, caminhar cinco quilômetros – só levará cinco a dez minutos para fazer você se sentir bem.

- **Hidratar-se (de novo e de novo).** Seu corpo é composto predominantemente por água. Se você tem negligenciado suas necessidades, é bem provável que não esteja ingerindo uma quantidade suficiente de água. Tome um pouquinho. Se ainda não fez uma refeição decente hoje, coma alguma coisa também, mesmo que seja um punhado de cereais.
- **Fazer uma (1) atividade relacionada à higiene.** Venho tendo uns dias ruins ultimamente, e já tem um tempinho que não tomo banho, não escovo os dentes pela manhã nem dou uma boa limpada na minha mesinha de cabeceira, que está nojenta (Alô, alô disfunção executiva!). Escolha uma dessas atividades, a que achar mais factível, e faça de uma vez. Caso se pegue dizendo, "Puxa, não foi tão ruim quanto eu pensava. Por que fiquei tanto tempo sem isso?", passe para outra. Mas se achar que é demais, tire um merecido descanso e saiba que fez algo incrível.
- **Dizer uma (1) coisa boa sobre si mesmo.** Parece piegas e demora um pouquinho para entrar no espírito da coisa, mas pode ajudar. O bom é que pode ser algo realmente banal, como ficar feliz por ter saído para dar uma volta, achar que está usando uma roupa legal ou ficar orgulhoso por ter se esforçado para ser bom consigo mesmo e dar o melhor de si.

ENCHENDO O COPO

Uma de minhas metáforas preferidas de autocuidado é imaginá-lo como o ato de encher um copo. Se você pensar em todas as coisas que faz na vida – desde ir à escola e dar apoio aos amigos e familiares até seus verdadeiros *hobbies* e interesses – é impossível que consiga colocar energia em tudo se estiver cansado demais, triste demais ou esgotado. É impossível, se seu copo estiver vazio! Nesse caso, você terá de enchê-lo, de alguma maneira.

É mais fácil falar do que fazer quando se está sem motivação, sem energia ou sem vontade de fazer qualquer coisa que seja. O copo está vazio, lembra-se? E as coisas que amamos parecem requerer uma quantidade de energia que não temos.

A maneira como você vai encher seu copo vai depender de suas necessidades pessoais, mas o bom é que existem inúmeras opções. A única regra de autocuidado é que tem de ser atividades que você sabe que vão fazer bem à sua saúde física e emocional, e não sabotá-lo ainda mais. Lembre-se de que o objetivo é se sentir estimulado e engajado, e não tentar encontrar a forma mais "produtiva" de autocuidado.

Como sou escritora e musicista, e também viciada em ter *hobbies*, minhas preferências de autocuidado em diferentes épocas de estresse e depressão ao longo da vida sempre tendiam a ser por a) atividades criativas e b) algo que podia fazer nas noites de insônia. Aprendi sozinha a tocar vários instrumentos, aprendi a codificação básica de *sites*, revisei *fanfics* escritas por amigos virtuais (o que tenho um pouco de vergonha de admitir) e pintei um esdrúxulo mural em uma das paredes do meu quartinho no sótão. Embora não fossem formas bonitas e "instagramáveis" de autocuidado que pudesse mostrar aos amigos, elas me distraíam, colocavam-me em contato com outras pessoas e me ajudavam a fazer coisas quando tinha dificuldade de me lembrar como era ser a pessoa que gostava dessas coisas.

Esses métodos e hábitos de enfrentamento me acompanharam até a idade adulta. Em 2020, quando tive uma forte crise de depressão, comecei a criar *moodboards* diariamente no Instagram com todo tipo de memes absurdos, fotos, Microsoft WordArt e videoclipes que refletiam meu estado de espírito no momento – e eu era muito franca, através da minha "arte", a respeito dos embates que tinha com os monstros no meu cérebro à época. Os *moodboards* não eram bonitos nem alegres, mas serviam como uma válvula de escape emocional, criativa e de baixo risco que me ajudava a ter a sensação de que estava revidando contra as coisas que me deixavam muito infeliz. (Dica profissional: é melhor dirigir sua raiva aos monstros do que a si mesmo!)

É isso o que quero dizer com essa história de encher o copo! Sua atividade de autocuidado preferida pode ser boba, banal e absurda, como quiser – mesmo que seja somente mostrar sua pasta de capturas de telas a um seleto grupo de amigos e seguidores que não vão fazer perguntas demais.

Cuidar de si mesmo também pode ser agir com responsabilidade. Sabe como é, aquelas coisas pelas quais sua mãe e seu médico dariam um joinha: deixar o celular de lado na hora de ir para a cama e tentar de verdade pegar no sono, fazer uma refeição nutritiva ou até mesmo arrumar o quarto (sinto muito, mas é verdade!). O autocuidado nem sempre é bonito, fácil ou divertido em todas as situações. Significa fazer o que é bom para você da melhor maneira que puder. Mas isso não significa que deva abrir mão da sua rotina de cuidados com a pele, das velas perfumadas ou de umas boas dancinhas no TikTok. Essas atividades

UMA CARTA DE AMOR AOS DIAS DE SAÚDE MENTAL

Quando eu era pequena, tive a sorte de ter em minha mãe uma verdadeira aliada da minha saúde mental. Com base em suas próprias experiências com os monstros, ela me ensinou bem cedo que o funcionamento do meu cérebro era importante a todo momento, e que aqueles sentimentos *tinham* um efeito sobre meu desempenho escolar, minha prática esportiva e minhas responsabilidades. Ela me apresentou aos dias de saúde mental – algo que ainda coloco em prática.

Um dia de saúde mental é um dia em que quebramos a rotina, fazemos uma pausa e realizamos algumas atividades de autocuidado que enchem outra vez nosso copo. Vários especialistas afirmam que os dias de saúde mental podem nos ajudar a administrar o estresse e a aprender a pensar na saúde mental como algo tão importante quanto os outros aspectos da saúde. Mas cuidado para não utilizá-los como uma desculpa para *fugir* de responsabilidades e coisas incômodas – quando ignoramos os problemas, eles tendem a se agravar com o tempo.

Se quiser dizer aos adultos à sua volta que deseja tirar um dia de saúde mental, aqui estão alguns aspectos importantes que devem ser destacados:

- **Estabelecer limites e regras.** Infelizmente, por mais que o amem, os adultos têm de se certificar que você esteja fazendo o melhor para si mesmo. Procure ter certeza de que vocês estão de acordo quanto ao que abrange o dia de saúde mental e com que frequência você pode ter um. Alguns exemplos de medidas que você e seus responsáveis podem estabelecer são: não jogar *videogames* nem ficar na cama depois das dez horas nessas manhãs, fazer só um dia de saúde mental a cada três meses e fazer as lições de casa ou horas de estudo extra no final de semana para compensar.

- **Fazer coisas benéficas para sua saúde mental.** Tire o máximo proveito desses dias adotando as boas práticas de saúde mental de que temos falado. Se estiver com dor de garganta ou de estômago, não faça nada que possa contribuir para piorar seu estado, está bem? Aproveite esse tempo para descansar e prestar atenção ao seu corpo e aos seus sentimentos; e não subestime o poder dessas coisas triviais, porém saudáveis. Pode ser um bom dia para agendar uma sessão de terapia ou uma consulta com um profissional de saúde mental.
- **Fazer coisas pelas quais agradecerá no futuro.** Pense no que precisa para aliviar alguns dos fatores estressantes de sua vida: mais tempo de estudo (ou um caderno de anotações organizado e com letra legível), uma oportunidade de dar uma boa arrumada no quarto para encontrar com mais facilidade aquilo de que precisa pela manhã antes de ir à escola, ou então oito horas seguidas de sono sem TV no fundo ou a luz do celular iluminando seu rosto. Provavelmente, você tem ideia de algumas coisas que o fariam se sentir melhor – mais organizado, mais preparado, mais presente e mais centrado –, e acho que agradecerá a si mesmo por ter tomado essa iniciativa.

podem ajudá-lo a se sentir um pouco mais em contato com seu corpo e sua mente.

Autocuidado também consiste em decidir ser amável consigo mesmo, sobretudo quando as coisas vão mal e se está sob muita pressão. (Os adultos também lutam com isso.) Pode consistir em fazer um dia de saúde mental (ver o quadro das páginas 92 e 93), em dizer não a algo que o deixará pior ou em diminuir o ritmo quando seu corpo lhe diz para ir mais devagar. E pode consistir também em ser tão benevolente consigo mesmo quanto seria com seu melhor amigo. Com certeza você nunca olharia nos olhos de sua melhor amiga e diria que a nota dela na última prova de Matemática foi um verdadeiro desastre, não é? Em vez disso, talvez dissesse algo como: "Ei, você fez o melhor que pôde" ou "Sei que está chateada, então vamos fazer alguma coisa divertida para você se sentir melhor". Faça esse tipo de comentário para si mesmo a fim de redimensionar a situação e ser mais amável com você. Ser tão amoroso e compreensivo consigo mesmo quanto seria com um amigo é uma arma poderosa contra os monstros do cérebro, que não querem que você tenha nenhum tipo de retorno positivo.

Um aspecto assertivo de crescer, começar a se conhecer e saber quem você está se tornando é descobrir todas as coisas que enchem seu copo. Se ouvirmos nosso corpo e refletirmos sobre nós mesmos à medida que incorporamos o autocuidado à nossa vida, poderemos aprender muito sobre a versão de nós mesmos de que mais gostamos.

No meu caso, tocar violão era a minha maneira preferida de relaxar e me acalmar. Às vezes, eu aprendia uma canção nova, outras, tentava compor e, outras ainda, apenas me sentava e tocava o que me desse na telha. Ainda faço isso quando preciso encher meu copo. Mas, com o passar dos anos, descobri que atividades mais corriqueiras, como elaborar listas de coisas que tenho de fazer nos próximos dias, lavar a louça ou a roupa (ou qualquer outra atividade que costumo deixar para depois) e fazer um pouco de alongamento depois de ter ficado debruçada sobre o computador o dia todo, funcionam muito bem. Não são atividades agradáveis em termos estéticos (exceto, talvez, lavar a louça, que deixa minha cozinha menos feia), mas o autocuidado tem de ser só para você!

Ninguém espera que se levante pela manhã com vontade de pintar uma obra de arte ou aprender a tocar bandolim depois de passar o fim de semana encolhido sob as cobertas. No entanto, à medida que segue rumo à recuperação e assume o compromisso de manter sua saúde mental, é bom identificar as coisas que realmente agregam valor à sua vida. E quando começar a sentir que tem energia para priorizar atividades saudáveis e motivadoras, quando começar a perceber que isso está acontecendo, é sinal de que o copo está se enchendo.

DELETE

CAPÍTULO 6

Através das Telas

Uma grande porcentagem de jovens tem o hábito de olhar o celular assim que abre os olhos pela manhã. Já era assim antes da pandemia, e é ainda mais prevalente na década de 2020, quando a primeira coisa que fazemos ao acordar é abrir notificações que podem causar ansiedade até na pessoa mais calma. Entrar no Instagram e no X ou procurar ficar em dia com as mensagens que podemos ter perdido durante a noite é uma reação natural para permanecer sempre conectados. E, como muitas vezes o celular é nossa primeira conexão diária com o mundo exterior, ele se tornou um apoio de segurança que nos permite interagir socialmente fora do círculo familiar durante os vários estágios de isolamento social pelos quais passamos.

Portanto, até mesmo em um dia bom, em que você acorda sentindo um pouco mais da sua "individualidade" intacta, ansioso para ver e falar com os amigos, é bem possível que esteja abrindo uma janelinha para todas as coisas caóticas e estressantes do mundo antes mesmo de sair da cama. Essa janelinha que você carrega consigo não é necessariamente ruim *o tempo todo*, e tem muita coisa que você curte de verdade – os bons memes (alguns sobre problemas de saúde mental nos fazem sentir menos sozinhos!), uma mensagem de texto motivacional de seu melhor amigo e as inúmeras imagens de cães, são só o começo. Mas é algo que está sempre presente e que pode ressaltar, no mesmo minuto, as coisas de que você mais gosta e de que menos gosta em si mesmo (como fazer a melhor *selfie* da sua vida ou, em contrapartida, abrir acidentalmente a câmera em um ângulo que não favoreça em nada seu rosto), o que torna fácil demais comparar suas experiências com as de outras pessoas. Isso pode fazê-lo se sentir bastante conectado, mas também estressado, solitário ou ambas as coisas com um único toque na tela.

Se isso parece "pesado", é porque é mesmo. Para alguém com tendência a pensamentos caóticos em razão dos monstros do cérebro, em um curto espaço de tempo tudo isso pode levar a uma sensação crescente de que você nunca se sentirá atraente, inteligente ou bom o suficiente. Ou de que todos os seus amigos saem escondidos de você ou, então, de que não pode falar o que pensa porque parecerá idiota ou bobo. Lembre-se, porém, de que essas vozes são mentirosas.

Katelyn D., uma estudante universitária de Nova York, disse-me o seguinte: "Cinco minutos depois de acordar, olho o celular e vejo todas as redes sociais. É lixo para o meu cérebro, mas não consigo evitar. Já virou rotina. Digo a mim mesma que só vou ver o que minhas amigas estão fazendo, mas acabo passando a próxima hora da minha vida "conferindo tudo".[34]

Perguntei a muitos dos chamados nativos digitais – pessoas que cresceram depois que o computador doméstico, o telefone celular e a internet se tornaram populares e acessíveis a todos – como eles se sentem por estar o tempo todo conectados. E os sentimentos deles se mostraram sistematicamente contraditórios.

PLAYLIST DE SAÚDE MENTAL VOL. 4

A AUTÊNTICA ANGÚSTIA DOS ALUNOS DE ENSINO MÉDIO DOS ANOS 2000

Cada uma dessas músicas é mais melodramática que a anterior, mas quero que as ouça.

Eis algumas músicas contagiantes que ecoavam em minha cabeça entre 2005 e 2010, quando eu era adolescente.

Portanto, enlouqueça com responsabilidade.

"The Anthem" – Good Charlotte

"I'm Just a Kid" – Simple Plan

"Everything Is Alright" – Motion City Soundtrack

"Empty Apartment" – Yellowcard

"The Places You Have Come to Fear the Most" – Dashboard Confessional

"Get Busy Living or Get Busy Dying (Do Your Part to Save the Scene and Stop Going to Shows)" – Fall Out Boy

"Remembering Sunday" – All Time Low

"The Church Channel" – Say Anything Ft. Hayley Williams

"I'm Not Okay (I Promise)" – My Chemical Romance*

*Ouça a versão *clean*, e não a versão explícita, ou, pelo menos, lembre-se de que recomendei a versão *clean*.

Alguns não souberam dizer *por que* ficam mexendo no celular. Não é que estejam procurando algo em particular; às vezes, é só um reflexo, um ato instintivo que se repete a cada dois minutos ou a cada hora. Às vezes em grupo, às vezes quando estão sozinhos em um local público, apenas para se sentir menos desconfortáveis ou deslocados.

Para outros, só a ideia de ver balões de notificação avisando que existem mensagens não lidas faz que fiquem bastante incomodados, como uma coceira que precisa ser aplacada. E tem também as perguntas que ficam martelando na cabeça deles depois de qualquer interação com outras pessoas quando são jovens, tímidos e em fase de desenvolvimento: "E se eu não souber o que estão falando de mim?", "E se falei algo que não deveria ter dito?", "E se todos estiverem se divertindo sem mim?".

Não é apenas uma questão geracional de "crianças e seus celulares", que fique claro. (Também sou assim.) Vivemos em uma sociedade que há muito tempo é superdependente de conexão constante, e esse uso tem se intensificado. Segundo um estudo que analisou usuários adultos de *smartphones*, 79% deles não desgrudam do celular vinte e quatro horas por dia, e 80% consultam o celular até quinze minutos depois de despertar pela manhã. Como já era de esperar, os especialistas identificaram esse comportamento também em jovens. Um estudo realizado em 2021 revelou que o tempo de tela dos adolescentes americanos dobrou durante a pandemia, passando de uma média de 3,9 horas por dia para 7,7 horas. Evidentemente, esse aumento pode ser atribuído a fatores como aulas *on-line*, socialização através das telas e busca de distrações nos meios virtuais, tudo isso associado à natureza cada vez mais perturbadora do fato de vivenciar uma pandemia global por meio de uma tela.

Mas esse é outro exemplo de comportamento que já era problemático para o cérebro dos jovens e que a pandemia exacerbou. Muitos adolescentes nem querem usar as telas tanto tempo assim. A dra. Cara Natterson, pediatra, escritora e cofundadora do *site* OOMLA dedicado à educação na puberdade, diz que esse aumento levou a uma mudança no desejo de conexão dos jovens para além do computador e do celular.

Nas palavras da dra. Natterson, "As crianças que faziam aulas a distância ou passavam o dia inteiro no Zoom atingiam o limite de tempo de tela todos os dias. Elas ficavam saturadas, de um modo que os pais nunca tinham visto antes. Crianças que ficam *on-line* de seis a oito horas por dia para assistir às aulas e mais duas horas para fazer a lição de casa não querem mais passar o tempo de lazer delas olhando para uma tela, embora algumas façam isso. Elas têm 'fadiga do Zoom', como todos nós".[35]

Mas o que devemos fazer a respeito disso?

SERÁ QUE É POSSÍVEL DESCONECTAR UM CÉREBRO "CIBORGUE"?

O conselho clássico que se dá quando essa exposição quase constante ao celular começa a fazer mal é se desconectar. Em geral, as pessoas que falam isso não foram criadas com o telefone celular, o computador e o *tablet* como uma parte tão íntima da vida delas, e fazem que pareça muito fácil. Afaste-se do mundo digital, dizem. Não é importante, é um mundo irreal mesmo; isso fará esses sentimentos avassaladores desaparecerem. É como um conselho mais amável e mais bem-intencionado para "dar um tempo" e sair para apreciar a natureza, respirar um pouco de ar puro. Porém, muitas vezes elas não entendem que o mundo virtual se tornou essencial e onipresente na vida dos jovens na década de 2020, que a vida *on-line* forjou a identidade deles e que pode ser muito difícil separar o ser físico do ser digital, uma vez que tem sido parte deles por tanto tempo.

Os membros da geração Z (nascidos entre 1997 e 2009) e da geração Alfa (nascidos depois de 2010) mal se lembram de viver em lares que não tinham internet. Mesmo que sua família fosse cética em relação à tecnologia e restringisse seu acesso à internet, o Facebook já devia existir quando você entrou na adolescência (ou era algo que só as mães e tias usavam). Pode ser que fotografias suas de criança tenham sido publicadas na internet antes que você fosse capaz de entender o que era Instagram ou concordar que tanta gente visse seu rosto. É bem possível que seus pais ou a babá colocassem um iPad na sua frente para distraí-lo durante um voo ou uma viagem de carro, ou então em uma noite exaustiva. É possível também que você tenha aprendido a digitar com mais facilidade do que a escrever à mão. Provavelmente tem amigos com os quais só interagiu no ambiente virtual, e nem sabe como se chamam de verdade. Mas isso não o preocupa nem um pouco, como preocuparia um adulto que talvez pense que todo mundo na rede quer raptá-lo. O que parece ser um abismo geracional é resultado de uma tecnologia que muda rápido demais para que se possa acompanhar – tão rápido que os adultos que a inventaram não sabem ao certo o que está causando ao cérebro dos usuários. Contudo, estamos começando a ter uma ideia, graças às pesquisas sobre tempo passado diante das telas e saúde do cérebro. Alguns estudos revelam que as pessoas estão apresentando sintomas acentuados de "déficit de atenção, redução da inteligência emocional e social, vício em tecnologia, isolamento social, comprometimento do desenvolvimento cerebral e sono fragmentado"[36] em decorrência de exposição excessiva às telas. E não há problema algum se nem sempre você souber como se sente em relação a tudo isso.

Quando conheci a dra. Leslie Carr, especialista em trauma, estresse e tecnologia digital, eu sempre me perguntava: Como devemos lidar com o enorme volume de *coisas* que chegam aos nossos celulares e computadores? *Está tudo bem* com nosso cérebro?.

A dra. Carr disse: "Algumas pesquisas sobre o cérebro mostraram que o simples uso da tecnologia, ou seja, a quantidade de tempo que ficamos conectados aos meios digitais, parece estar alterando nosso cérebro – não necessariamente em relação à forma, mas ao fluxo sanguíneo, segundo imagens de ressonância magnética funcional (RMf). Estamos apenas começando a coletar dados impressionantes".[37] Ela salienta que esse é um terreno desconhecido, tendo em vista o que o cérebro humano foi concebido para fazer ao longo da evolução da espécie.

"Acho que estamos em um momento muito interessante da história da humanidade, em que, de certo modo, temos de ser capazes de viver em dois canais ao mesmo tempo", acrescenta ela. "O acesso a esse nível de informação é algo relativamente novo. Uma coisa são telefones celulares e internet, mas até a televisão! Meus pais nasceram em um mundo em que se lembram do primeiro aparelho de TV. O bombardeamento do cérebro humano pela mídia visual e por esse nível de informação é algo muito novo na história da humanidade.".[38]

Apesar de estar falando de modo específico sobre informações, a ideia de viver em "dois canais" encontra eco na maneira como os jovens descrevem as "partes falsas, porém reais" da vida deles *on-line* e *off-line*. Existe uma urgência e um imediatismo na parte *on-line* (talvez por estar em nosso bolso vinte e quatro horas por dia, sete dias por semana; talvez porque os aplicativos sejam projetados para manter nossos olhos fixos na tela e o dinheiro dos anúncios entrando sem parar) que não estão tão presentes na parte *off-line*.

"Existem os meios de comunicação aos quais temos acesso... e há o que acontece em nosso entorno imediato, não é?", diz a dra. Leslie. "Até mesmo nosso sistema de informação é parte do capitalismo – o que equivale a dizer que… a informação é monetizada de tal maneira que 'se tem sangue, vira manchete'. [É] concebido para sequestrar nosso cérebro e nos fazer prestar mais atenção [a ela], porque ativa o corpo amigdaloide e somos estimulados de uma maneira nem um pouco saudável.".[39]

Minhas irmãs e eu costumamos brincar que nosso celular se tornou um órgão sintético. Andamos sempre com ele, de maneira natural e automática, armazenamos memórias importantes e informações úteis nele e cuidamos tão bem dele como de qualquer outra parte do corpo, se não melhor. E o aspecto assustador é que, de certa maneira, temos razão. Segundo os especialistas em ciências humanas e tecnologia, nossa espécie é de ciborgues. Digo agora, já, neste momento. Essa palavra é uma junção dos termos *cibernético* e *organismo*, um ser vivo com partes mecânicas. O papel desempenhado pela tecnologia na nossa vida e na sociedade nos encaixa nessa definição – quer gostemos ou não, e quer tenhamos ou não a oportunidade de entender, de fato, o que isso significa e de optar por fazer ou não parte dela.

Antes da pandemia, os especialistas em tecnologia já nos consideravam ciborgues, mas talvez a natureza da pandemia tenha deixado isso muito mais claro. Como as reuniões, festas e aulas pelo Zoom substituíram o contato pessoal, e como as conversas, interações e experiências ocorriam na velocidade da luz por meio do X, do TikTok e do Instagram, o órgão tecnológico se tornou ainda mais essencial. Mas o fato de os jovens se sentirem apegados à vida *on-line* não significa que não estejam cientes de que a tecnologia e a internet mudaram seu cérebro (e, às vezes, até fiquem ressentidos com isso), e de que não foram eles que escolheram essa vida.

Quando quero ajudar os adultos à minha volta que não interagem regularmente com adolescentes a entenderem a relação dos jovens com a tecnologia, eu lhes envio o vídeo "Bo Burnham vs. Jeff Bezos" do videoensaísta e artista CJ the X, publicado no YouTube. Nele, CJ analisa a situação e a saúde mental (entre outras coisas) do ser humano-ciborgue sob a óptica de *Inside*, um especial da Netflix feito pelo humorista Bo Burnham que aborda temas como ansiedade, depressão e isolamento durante a pandemia, bem como a dependência da tecnologia e da internet e os sentimentos contraditórios que ambas suscitam.

Como criador de conteúdo, CJ ganha a vida oferecendo, de forma intencional e consensual, sua arte, sua análise, sua imagem e seus esforços a um grande público, assim como Burnham. Mas, nesse ensaio, que vai de uma rápida sequência de piadas, memes e análise de teoria musical a conselhos sinceros para que os jovens procurem alimento para a alma *off-line*, eles revelam a relação bastante complicada de Burnham com o "Estar *on-line*". O humorista tem sido extremamente aberto em relação à grande dificuldade de cuidar da saúde mental e estabelecer limites para proteger a própria individualidade como adulto que já foi um adolescente viral empurrado aos holofotes.

A experiência de Burnham encontra eco no sentimento dos jovens da década de 2020: todos foram colocados no papel de criador, curador e consumidor de conteúdo antes que eles (e mesmo os adultos que desenvolveram essas ferramentas) começassem a entender o que isso poderia significar para o cérebro deles no longo prazo.

EXISTE UM APLICATIVO PARA ISSO

Como as telas ocupam grande parte de nossa vida e influenciam a maneira como interagimos uns com os outros e a visão que temos de nós mesmos, lembre-se de que existem algumas maneiras concretas de usar a tecnologia onipresente como ferramenta para cuidar de si.

Eis alguns de meus aplicativos preferidos que poderão ser um divisor de águas em relação à gestão de sua saúde mental.

- **Aloe Bud (Aloebud.com).** Um aplicativo simples e surpreendentemente belo, o Aloe Bud nos lembra de praticar autocuidado e amor-próprio. Podemos colocar lembretes para beber água, fazer uma caminhada ou exercícios de alongamento, ou até mesmo usar as mensagens do aplicativo que nos estimulam a fazer breves anotações no diário. Essa é uma maneira de cuidar de nós mesmos regularmente sem pressão.
- **Calm (Calm.com).** As técnicas de meditação e *mindfulness* ajudam as pessoas a aprender mecanismos de enfrentamento para problemas de ansiedade, estresse, sono e saúde mental. Calm é um excelente aplicativo para pessoas que apreciam sons relaxantes e precisam de um pouco de paz para se sentirem centradas. O aplicativo traz uma meditação para induzir o sono na voz de Harry Styles.
- **Breathwrk (Breathwrk.com).** Sou obcecada por esse aplicativo, e sempre o recomendo a quem tem dificuldade de desacelerar o ritmo e dedicar um pouco de tempo a si próprio durante o dia. Utilizando técnicas e exercícios de respiração respaldados pela ciência, o aplicativo oferece diversos tipos de respiração para ajudá-lo a aumentar o nível de energia ou a diminuir o ritmo. Como ele tem uma "pegada" de jogo, você ficará entusiasmado (e, se for competitivo, vai se sentir vitorioso) quando conseguir fazer uma série de dias de boa respiração.

No vídeo, CJ diz que "de certa forma, é quase mais fácil quando se é artista profissional. Você pode chamar sua atividade pública de 'trabalho' e sua atividade privada de 'vida'. Mas, para a maioria das crianças que se conectaram à internet antes de serem capazes de formar uma frase gramaticalmente correta, não existe limite entre o tempo delas como artista e o tempo como membro da plateia. A atuação nas redes sociais está tão integrada à existência delas que, na maioria das vezes, não veem diferença entre atuar e viver. Elas incorporaram a ansiedade de um artista a cada segundo da vida delas".[40]

E quando não está claro onde você termina e onde começa a atuação *on-line*, a conexão com esse personagem virtual pode parecer ainda mais imensa, abrangente e impossível de desfazer. A necessidade de nutrir e cuidar de seu eu físico, mental e autêntico pode deixar de existir com facilidade. Sobretudo quando o que acontece à sua volta em escala nacional e até mesmo global parece intenso, assustador e incerto.

A dra. Carr afirma que: "Quanto mais presentes estamos em nosso entorno imediato, melhor parece funcionar o nosso cérebro. Estamos vivendo tempos bastante difíceis em que, para ser cidadãos informados, precisamos ter algum grau de consciência do que está acontecendo no mundo à nossa volta. Mas essa conexão demasiada é uma realidade que nos leva para longe dos prazeres simples que existem aqui e agora. Uma boa refeição, um abraço de alguém que amamos – essas coisas liberam neuro-hormônios saudáveis no cérebro".[41]

É verdade que viver nessa época e com as informações, a arte e a conexão a que os adolescentes têm acesso tem seus aspectos positivos. Mas, assim como tantas outras coisas, o uso excessivo e a ausência de limites saudáveis podem causar danos reais. Infelizmente, o fato de viver em uma época "sem precedentes" e nossa cultura bastante estressante fazem que seja fácil demais se perder no mundo digital e deixar de priorizar a saúde e a felicidade.

Jelena Kecmanovic, fundadora e diretora do Arlington/DC Behavior Therapy Institute (Instituto de Terapia Comportamental de Arlington/DC), disse-me que "de modo geral, existem efeitos positivos e negativos [no uso atual da tecnologia]. Creio que todos esses argumentos de que [a tecnologia moderna] é a fonte de todos os males e de que a única coisa a fazer é impedir os jovens de usá-la ou estabelecer algumas medidas draconianas – essa abordagem de 'tudo ou nada' – não é nem um pouco factível, muito menos saudável. Assim como tudo na vida, existem dois lados. No final das contas, depende de como a usamos, da nossa postura em relação a ela".[42]

A internet e a ascensão a redes sociais têm sido ferramentas fantásticas de comunicação e combate ao isolamento, sobretudo quando muita gente ficou isolada por anos. As pessoas que pertencem a grupos marginalizados ou que se sentem diferentes e solitárias na escola ou em suas comunidades podem se conectar com gente do mundo todo para falar sobre suas paixões, trocar experiências e, muitas vezes, ser ouvidas e se sentir menos impotentes.

Às vezes, você sente uma recarga emocional ou mental ao olhar o celular e entrar em um grupo de bate-papo, ver fotos fofas dos priminhos no Facebook, navegar distraidamente pelo Instagram ou assistir a um longo ensaio em vídeo sobre um especial da Netflix com alguém que fala rápido demais. É compreensível que queira desfrutar desses momentos prazerosos, estimulantes e de qualidade diante da tela, sobretudo se não puder ir a algum lugar para interagir com outras pessoas. Seus amigos estão ali! As pessoas estão fazendo coisas legais! Você se sente visto, ouvido e compreendido!

Segundo Jelena Kecmanovic, "Se você tiver uma comunidade de apoio *on-line* – amigos no Facebook, amigos no Instagram ou no X que mantêm contato, são solidários, compreensivos e versados em questões psicológicas –, eles poderão ajudar. Essas comunidades são compassivas e talvez compartilhem algo que está acontecendo na vida deles. E talvez haja pessoas que reconheçam quando essas declarações, ou postagens, são mais sérias".[43] Kecmanovic admite que "desconectar-se", apesar de ser útil em determinados contextos e uma boa medida para regular a relação com a tecnologia no dia a dia, nem sempre é eficaz, sobretudo para as pessoas que cresceram com ela.

Um dos segredos para cuidar bem do cérebro em um mundo conectado é alcançar o equilíbrio certo por intermédio de conexões humanas presenciais e os hábitos saudáveis de que você precisa para desempenhar suas atividades cotidianas – sem menosprezar ou negar o papel que a sua presença *on-line* desempenha em sua vida e a felicidade ocasional que ela proporciona.

DESINTOXICAÇÃO DIGITAL SENSATA

Em vez de "simplesmente se desconectar", uma vez que a internet, as telas e a tecnologia não ficarão esperando você voltar para elas, tente fazer uma desintoxicação digital. O objetivo é assumir o controle do papel que toda essa tecnologia desempenha em sua vida, seja ele qual for, entender o valor que ela agrega e o impacto que tem sobre você.

Como Michelle Gorea, socióloga, e Vincenzo Alaimo, pesquisador de tecnologia, escreveram na *Psychology Today* no início de 2021, o objetivo da desintoxicação digital não é a "desconexão total".[44] Trata-se, melhor dizendo, de não se deixar levar pela natureza onipresente e sempre conectada da tecnologia. Você é o dono do telefone celular, e não o contrário.

Esse tipo de desintoxicação pode assumir diversas formas:

Pode consistir em escolher onde instalar determinado aplicativo. Por exemplo, tenho uma amiga que não instalou o Instagram no celular, porque a fazia se sentir muito mal e muito mais propensa a se comparar com as amigas e com pessoas que ela nunca tinha visto. Ela só usa o Instagram no computador, o que é péssimo para enviar memes. Em contrapartida, é excelente para a saúde mental dela, pois permite

ALGUMAS ATIVIDADES PRAZEROSAS PARA FAZER SEM ESTAR CONECTADO

Não vou mentir: algum grau de desconexão e momentos *off-line* pode ajudar se você for capaz de administrá-lo. A satisfação que se sente ao deixar o celular em casa e sair por aí, sabendo que ninguém poderá incomodá-lo nem ser dono do seu tempo, é incomparável.

Com a desconexão, você pode adquirir hábitos e estabelecer limites tecnológicos positivos de modo consciente e intencional, usando o celular (com tudo o que ele tem de maravilhoso e estressante) do seu jeito, e sentindo que ele não está no controle da sua vida.

Aqui está uma lista de algumas atividades gratificantes para fazer enquanto estiver desconectado:

- Ler um dos vários livros que quer ler, mas não tem tido tempo.

que ela obtenha o que quer sem que seja uma fonte de distração ou de pensamentos negativos. Eu mantenho o TikTok em uma pasta na última página da tela inicial do celular, assim não fico distraída por horas na seção "Para Você" quando tenho outras coisas para fazer.

Você pode definir horários específicos para olhar os aplicativos e as mensagens em determinadas noites, ou estabelecer períodos em que não estará com o celular ou não estará acessível, se achar conveniente. Comunique esses limites aos amigos, assim eles poderão ajudá-lo a mantê-los. O fato de

- Andar descalço na areia, na terra ou na grama macia (entrar em contato com a natureza faz bem!).
- Ouvir uma história bonita, embaraçosa ou interessante contada por um de seus pais, avós ou outra pessoa querida.
- Observar estranhos em uma praça de alimentação de um *shopping*, de um parque ou de outro local público. As pessoas são fascinantes.
- Recolher algumas pedras. E talvez atirá-las, ou guardá-las.
- Acariciar um cão, um gato ou qualquer outra criaturinha afável de sua escolha.
- Deitar-se em casa ou ao ar livre, como preferir, e pensar que seu corpo está fazendo coisas superlegais, como respirar e processar dados sensoriais (o que você vê, ouve, cheira, saboreia e toca). Tente prestar atenção de verdade nesses cinco sentidos por um segundo e depois respirar.

estabelecer horários específicos para deixar o telefone de lado pode aliviar o estresse e a ansiedade causados pela sensação de que é preciso estar disponível para todo mundo o tempo todo. Esses limites também podem ajudar a coibir hábitos e evitar que se navegue pela internet até não poder mais. Segundo Gorea e Alaimo, "Adquirir o hábito de saber quando deixar o telefone de lado pode ajudar os adolescentes a se desconectar das redes sociais e evitar os comportamentos associados à ansiedade causada por elas, como perder a noção do tempo e se desligar de tudo enquanto navegam. Esses momentos de desconexão podem ocorrer durante as refeições ou uma hora antes de ir para a cama".[45]

Seria bom criar algumas regras que considere sensatas. Por exemplo, não usar o celular como despertador; só entrar no X ou no Instagram depois de fazer alguma coisa que o conecte ao mundo real, como realizar alguns exercícios de alongamento, respirar um pouco de ar puro, escrever algo em seu diário ou olhar fixamente para o céu em silêncio meditativo durante alguns minutos toda manhã. Talvez seja melhor responder às mensagens recebidas depois das onze da noite no dia seguinte. Você pode estabelecer horários específicos toda semana para ajustar as regras de acordo com suas necessidades. As regras e os limites não precisam ser rígidos, uma vez que você está crescendo e mudando o tempo todo.

Uma desintoxicação digital pode consistir até mesmo em decidir "se desconectar" de determinados comportamentos que não atendem aos seus interesses – por um dia, um mês ou para sempre. Ninguém vai criticá-lo por isso. Só porque é muito difícil e contraria as normas não significa que não é possível fazê-lo ou que não será vantajoso.

Quando estiver tentando administrar esses sentimentos conflitantes e complexos em relação à internet e à tecnologia, o importante é procurar utilizar a tecnologia de modo consciente, analisando como ela afeta seu estado de espírito e sua percepção de si mesmo.

E, se perceber que está às voltas com problemas de saúde mental, que seus dispositivos só os fazem piorar, peça à sua família e a seus amigos que o ajudem a estabelecer limites.

PERGUNTAS QUE VOCÊ DEVE FAZER A SI MESMO ANTES DE UMA DESINTOXICAÇÃO DIGITAL

Caso tenha decidido tentar uma desintoxicação digital, aqui estão algumas perguntas que deve fazer a si mesmo para descobrir que partes de sua dieta digital diária funcionam e quais precisam de um pouco mais de empenho:

- Você julga saber quem você é, fora as coisas que publica nas redes sociais?
- As coisas que compartilha na internet estão agregando algum valor à sua vida?
- Você se sente muito ansioso antes ou depois de publicar algo?
- O uso do celular está atrapalhando seu sono ou outros aspectos de sua vida?
- O fato de estar no [insira o aplicativo aqui] faz que se sinta conectado com os amigos, com as pessoas em geral ou consigo mesmo?
- O fato de estar no [insira o aplicativo aqui] faz que você se sinta mal em relação ao seu corpo, à sua percepção de si mesmo ou a outros aspectos da sua vida?
- Você se sentiria melhor se não estivesse com o celular neste exato momento?

Pode ser muito fácil, bastando dizer: "Estou passando por um momento difícil e acho que minha vida *on-line* está contribuindo para piorar ainda mais a situação. Se me virem no Instagram ou no X por tempo demais, quero que me lembrem de que eu queria usar menos as redes sociais".

Jelena Kecmanovic acrescenta que, se você já sabe que é suscetível à ansiedade ou à depressão, é superimportante ser extremamente cuidadoso ao usar as redes sociais. Os aspectos mais aflitivos da vida *on-line* (o medo das interações sociais ou da falta delas, sua autoestima e seus sucessos e fracassos) podem piorar muito depressa.

"Digamos que uma pessoa sabe que tem tendência a torcer o tornozelo. Como os tornozelos dela são fracos, ela vai pensar duas vezes antes de esquiar ou, se for, terá de redobrar os cuidados", diz Kecmanovic. "A ideia é mais ou menos a mesma. Não é vergonha nenhuma ter fraquezas ou vulnerabilidades. Todos temos. Mas é importante ser capaz de admitir que é preciso ter cuidado com essas coisas."[46]

Não sabe por onde começar sua jornada de desintoxicação? Eis algumas regras básicas que podem ser úteis. Lembre-se de que a imposição de limites de qualquer natureza é um processo de tentativa e erro; portanto, não seja rigoroso demais consigo mesmo se precisar fazer alguns ajustes e correções de rota para encontrar o equilíbrio certo.

- **Estabelecer horários em que não estará disponível.** Você pode usar o celular a seu favor ativando o modo "não perturbe" ou mudando o modo "foco" para definir como quer usá-lo a cada dia. Os ajustes diferem de uma marca de celular para outra, portanto descubra como reduzir o número de notificações que recebe no seu dispositivo.

- **Realocar aplicativos problemáticos.** Se sabe que fica com dor de cabeça quando navega no X de manhã cedinho, pode ser que o ícone do aplicativo tenha de ficar na última página da tela inicial de seu celular. Isso vale para o Instagram, o TikTok ou qualquer outra plataforma que pareça tirar mais de você do que acrescentar. Não precisa deletá-la (embora talvez não fosse má ideia experimentar!), mas, sim, transferi-la para um local que não seja de acesso imediato.
- **Limitar o tempo de uso dos aplicativos.** Alguns celulares permitem a ativação de temporizadores para determinados aplicativos, o que pode ajudar a interromper o ato distraído de rolar a página e controlar o tempo de uso do aparelho. Pode ser que demore um pouco para se acostumar com esses temporizadores, mas algumas pessoas recomendam Offtime, FocusMe, AppBlock e AppDetox para ajudar a reduzir o tempo de uso de aplicativos.
- **Estabelecer um "horário de trabalho" durante uma ou duas semanas.** Uma preocupação frequente em relação ao celular é o medo de decepcionar alguém ou de perder algo por não conseguir responder logo que chega a mensagem. Para acabar com esse hábito, tente estabelecer horários para responder às mensagens que não são urgentes (talvez apenas pela manhã ou à noite) por alguns dias. Isso não significa que vai ignorar o pedido de sua mãe para pegar uma encomenda em uma loja a caminho de casa, mas poderá fazer que seus amigos saibam que você tem consideração por eles e vai respondê-los, mas não 45 segundos ou um minuto depois de receber suas mensagens.

CAPÍTULO 7

Quem se Sente Assim?

Os transtornos mentais não são iguais para todos, pois também não somos iguais. Uma pessoa pode reagir de uma infinidade de maneiras quando um monstro do cérebro entra como um furacão na vida dela, e a identidade desempenhará um papel no modo como ela se vê, como pede ajuda e o que faz para melhorar.

Porém, o fato de as pessoas que se dedicam a estudar a saúde mental terem consciência disso não significa que o restante da nossa cultura também tenha. Basta ir ao cinema e assistir à televisão para perceber que existe uma discrepância entre o modo como os transtornos mentais de alguns grupos são vistos em comparação com os de outros grupos. Muitas vezes determinados grupos são eliminados das histórias que contamos uns aos outros sobre saúde mental e bem-estar.

Uma pesquisa publicada em 2022 pela Iniciativa de Inclusão Annemberg da Universidade do Sul da Califórnia e pela Fundação Americana para Prevenção do Suicídio mostrou como os transtornos mentais tinham sido representados nos filmes mais assistidos de 2019, que, ao todo, tinham 68 personagens com transtornos mentais.

Os pesquisadores descobriram que, nos filmes analisados, 76,5% dos personagens que sofriam de adoecimento mental eram brancos, 11,8% eram negros, 5,9% eram multirraciais ou birraciais e 1,5% (ou um personagem de cada filme) era de origem asiática, hispânica/latina, médio-oriental ou norte-africana, ou eram nativos do Havaí/Ilhas do Pacífico. Nenhum dos personagens com problema mental era nativo dos Estados Unidos ou do Alasca. Eles descobriram também que a maioria dos personagens era jovem, mas apenas seis, de fato, eram adolescentes.

"Em geral, os personagens com problemas de saúde mental eram de meia-idade (52,9%, 40 a 64 anos) ou adultos jovens (35,7%, 21 a 39 anos)", disseram os pesquisadores. "Apenas quatro personagens com problemas de saúde mental eram adolescentes entre 13 e 20 anos de idade: três eram do sexo feminino e dois eram brancos... Entre os cem filmes mais vistos de 2019, não havia nenhuma criança com problema de saúde mental. Entretanto, 16,5% dos jovens americanos têm algum problema de saúde mental – muito mais do que vemos nos filmes."[47]

Quanto aos indivíduos LGBTQIA+, os pesquisadores constataram que apenas dois personagens homossexuais com problemas de saúde mental (especificamente, ambos homens brancos cisgênero homossexuais) foram retratados nesses filmes de 2019, e não havia nenhum indivíduo transgênero.

Esses resultados são curiosos, porque, segundo as pesquisas, as pessoas de grupos marginalizados podem sofrer mais consequências relacionadas à saúde mental no longo prazo e enfrentar mais barreiras ao tratamento e aos recursos. Além disso, elas têm histórias extremamente relevantes às nossas discussões culturais e à nossa sociedade.

Esse é apenas um dos aspectos de como algumas dessas histórias fazem mais mal do que bem às pessoas que, de fato, representaram; em 63% dos filmes, o personagem com transtorno mental era violento (uma porcentagem mais alta do que em anos anteriores). Mas a verdade é que pessoas que sofrem de algum transtorno mental têm dez vezes mais probabilidade de ser *vítimas* de violência do que a população em geral. Portanto, retratar as pessoas que sofrem um adoecimento mental de forma equivocada, como perigosas ou temíveis, só contribui para reforçar o estigma que faz que elas se calem e não procurem a ajuda de que precisam.

Na conclusão do estudo, os pesquisadores observam que é necessária uma intervenção ativa para mudar o modo como a saúde mental é retratada nas telas – fazendo reflexões sobre como mudar o tipo de história que contamos (eliminando estereótipos estigmatizantes, imprecisos e prejudiciais) e eliminando a barreira de quais histórias de saúde mental merecem ser compartilhadas com públicos mais amplos de maneira empática e humana.

"Pessoas de todos os contextos socioculturais e identitários podem ter problemas de saúde mental. Sem recorrer a estereótipos ou figuras retóricas, pense na maneira como os personagens sub-representados, como os da comunidade LGBTQIA+ ou pessoas com deficiência, podem ser retratados de modo que reflita a realidade desses grupos", recomendam os pesquisadores. "Concentre-se em histórias que promovam empatia e compaixão, e consulte indivíduos dos grupos que está retratando na tela para garantir autenticidade. Muitas vezes, representações bem-intencionadas podem ser prejudiciais quando os especialistas em pesquisas de efeito e impacto não são consultados. Procure fazer que acadêmicos e profissionais de saúde mental façam parte de sua equipe de produção e desenvolvimento."[48]

Obviamente, a representação da mídia está longe de ser o único fator que influencia nossa maneira de pensar, falar e nos informar sobre saúde mental. Porém, em parte, é por meio dessas representações que as pessoas aprendem a entender problemas como depressão e ansiedade. Uma pesquisa feita em 2021 perguntou aos adolescentes do Reino Unido como se sentiam em relação ao modo como os problemas de saúde mental eram retratados na televisão e em filmes. A pesquisa revelou que quase 70% deles achavam que histórias contadas de maneira positiva ajudavam a combater o estigma associado a esses problemas, e 48% disseram que essas histórias apresentadas na televisão os ajudavam a entender um pouco melhor a saúde mental.

Então, que efeitos são gerados quando essas histórias mostram apenas alguns rostos que, em geral, são muito parecidos? Sua dificuldade em reconhecer seus sentimentos aumenta ainda mais quando percebe que "não se espera" que pessoas como você ou que vivem como você tenham transtorno mental, muito menos que recebam cuidados, compaixão e empatia caso isso ocorra. Quando resvalam em estereótipos danosos (e imprecisos) por preguiça ou dramaticidade, as histórias enviam as mesmas mensagens que o monstro do cérebro tóxico e mentiroso sussurra o tempo todo em seu ouvido: as pessoas não vão entender, elas ficarão com medo de mim e não vão querer me ajudar nem ficar ao meu lado.

Em contrapartida, representações mais realistas, positivas e diversificadas de transtornos mentais e tratamentos de saúde mental também podem transmitir uma mensagem poderosa ao mundo: esperança. Uma história que mostra uma pessoa que sofre e recebe ajuda pode tocar profundamente alguém que acha que não existe saída para sua situação. Uma história a respeito de alguém que só precisa de um pouco mais de amor, carinho e apoio; uma história que o faz perceber que não é um caso perdido, ou que não há nada de "errado" com você por necessitar mais; uma história com alguém que se pareça com você ou com alguém da sua família. Todas elas são reconfortantes e transmitem a mensagem de que não existe só um tipo de pessoa que sofre de transtorno mental ou que mereça ter mais apoio e carinho do que outra. Uma representação correta nos lembra (porque todos precisamos ser lembrados) de que os cuidados relacionados à saúde mental são para todos.

TER ACESSO AO TRATAMENTO NECESSÁRIO, NÃO IMPORTA QUEM VOCÊ SEJA

Sua identidade, seu contexto e quem você é são aspectos importantes – para você, sua família e para todos aqueles que se importam com você. Portanto, é compreensível que esteja ansioso imaginando se sua família o aceitará e o apoiará em todos os sentidos, incluindo sua luta com a saúde mental e os cuidados de que precisa da parte deles.

O letramento cultural na assistência médica, como muitos chamam na área da Justiça Médica, pode ser muito vantajoso para grupos marginalizados, pois ajuda as pessoas a superar os preconceitos (como racismo, sexismo e homofobia) que as impedem de ter acesso aos cuidados de que necessitam. Os profissionais de saúde com competência cultural têm formação prévia ou origem semelhante à de seus pacientes. Assim, pessoas que pertencem a grupos marginalizados não precisam dar explicações detalhadas sobre sua cultura ou identidade para desconhecidos que talvez não entendam como esses aspectos interagem com a saúde mental. Se você é uma pessoa não branca, pertence à comunidade LGBTQIA+, tem alguma deficiência ou uma combinação de identidades marginalizadas, talvez se sinta mais à vontade sendo assistido por um profissional que se pareça com você, que fale o seu idioma ou consiga demonstrar que tem experiência relevante com os problemas pelos quais você está passando. Um adolescente com o qual falei e que está no espectro assexual (orientação sexual que se caracteriza pela ausência parcial ou total de atração sexual) disse que encontrar um profissional que compreendesse sua assexualidade o ajudou a pôr fim à sua ansiedade em relação ao fato de ser assexual, sem ouvir que "ainda não tinha encontrado a pessoa certa" ou que "algumas pessoas demoram para amadurecer". Dito isso, muitos profissionais de saúde com todos os tipos de formação são qualificados para ajudar populações distintas e combater o preconceito implícito em seu trabalho.

A dra. Patel-Dunn concorda e afirma que a maior parte dos profissionais de saúde mental atua nesse campo há muito tempo e sabe lidar com a diversidade: "Nós, profissionais de saúde mental, fomos preparados para isso. Terminei minha formação no início dos anos 2000 e [o letramento cultural na assistência médica] sempre fez parte do nosso treinamento, porque queremos ter certeza de que nossos pacientes se sintam à vontade. Ter conhecimentos culturais é muito importante. Em geral, as pessoas se sentem bem com alguém com as quais se identificam".[49]

Se sua luta com a saúde mental em grande parte está relacionada com questões de racismo, capacitismo, homofobia ou qualquer outra forma de discriminação em casa ou na comunidade em geral, ter certeza de que seu profissional de saúde seja preparado e bem-informado, e que se sinta confortável em ajudá-lo a superar seus problemas de modo eficaz, além de *fazer todo o sentido* pode acabar com parte de sua ansiedade.

A dra. Patel-Dunn diz também que se esse aspecto do tratamento for muito importante para você, a maioria dos profissionais tem *sites* com suas biografias e currículos, onde você pode se informar sobre eles e suas especialidades. Além de poder verificar se usam as técnicas nas quais tem interesse (como meditação *mindfulness*, respiração ou arteterapia), você poderá conhecer um pouco da filosofia profissional deles.

Ao ajudar familiares e amigos a encontrar profissionais de saúde mental, aprendi que conhecer o perfil e ver o rosto da pessoa que você vai consultar, e com a qual é possível que estabeleça uma relação de tratamento, é uma excelente maneira de eliminar parte de seu nervosismo e de suas preocupações. Afinal de contas, não é muito diferente de dar uma espiadinha no Instagram ou no X de alguém. Em seguida, um telefonema (sozinho, com um adulto ou amigo de confiança ao lado) poderá ajudá-lo a ter certeza de que vocês estão em sintonia e se sentem à vontade para fazer uma sessão juntos.

CONCLUSÃO

Abrindo Espaço para a Saúde Mental no Novo Normal

Nosso tempo juntos chegou ao fim. Percorremos um longo caminho começando por aceitar, reconhecer e traduzir em palavras o que você está passando (sabendo muito bem que o corpo e o cérebro humanos são intrigantes, especiais e, às vezes, extremamente irritantes) até aprender a pedir ajuda, formar uma rede de apoio eficaz, refletir sobre algumas das maneiras distintas (boas, ruins e complicadíssimas) pelas quais a história de saúde mental da geração Z e da geração Alfa será diferente daquela das gerações anteriores. Espero que esteja se sentindo um pouco mais informado, um pouco mais empoderado e até mesmo um pouco mais energizado para enfrentar o monstro que é a saúde mental, em seu cérebro e em sua comunidade.

Então… hum… o que fazer agora?

Depois de ter se concentrado no assunto, identificado seus sentimentos e adquirido algumas habilidades que o ajudarão a manter os monstros do cérebro sob controle, você está preparado para compartilhar o que aprendeu com outras pessoas. Poderá até mesmo abraçar a causa e nos ensinar a tornar esse processo mais fácil, mais acessível e muito *melhor* para os outros e para as gerações futuras.

Uma das coisas mais importantes e surpreendentemente otimistas que aprendi conversando com médicos e jovens ao longo dos últimos anos é que estamos em uma posição privilegiada para ter uma boa visão de tudo o que afetou a saúde mental dos jovens e aprender com aquilo que vemos. Se fizermos isso, e fizermos bem, poderemos aproveitar essa oportunidade para normatizar os conhecimentos, os cuidados e o apoio à saúde mental, e mostrar a todo mundo que isso é essencial.

Segundo a dra. Patel-Dunn, "O que a pandemia de covid-19 nos trouxe de bom foi a desestigmatização do transtorno mental, não é verdade? Todo mundo se sentiu ansioso e deprimido em algum momento da pandemia. Hoje, há maior aceitação e compreensão de nossa psique e nossa experiência".[50]

Os jovens estão preparando o terreno para nós. De acordo com uma pesquisa sobre estresse realizada pela Associação Americana de Psicologia em 2019, os membros da geração Z tinham maior propensão a relatar que estavam fazendo "tratamento ou terapia com um profissional de saúde mental"[51] do que os da geração Y, da geração X e da geração pós-guerra (os *baby boomers*). Os profissionais de saúde também estão detectando essa tendência. Seli Fakorzi, da TimelyMD, foi a primeira a me dizer que a geração Z parece ter uma grande disposição para buscar ajuda e um grande desejo de aprender.

“Estou impressionada. Estou intrigada. Acho que muitas vidas foram salvas e serão salvas graças ao que estão começando a aprender sobre si mesmos”, diz Fakorzi.

PLAYLIST DE SAÚDE MENTAL – ÚLTIMO VOLUME

NÃO, SÉRIO MESMO: VOCÊ VAI FICAR BEM

Esta última seleção de músicas transmite positividade e celebra a resiliência. É como dar um longo e agradável passeio de carro, soltar um grito de felicidade a plenos pulmões ou deitar-se sobre uma pilha de amigos.

"Badlands" – Bruce Springsteen

"Shake It Out" – Florence & the Machine

"The Perfect Space" – the Avett Brothers

"Hold On" – Wilson Phillips

"I'm Still Standing" – Elton John

"Under Pressure" – David Bowie and Queen

"California" – Joni Mitchell

"You Are What You Love" – Jenny Lewis

"This Year" – the Mountain Goats

"Conversa o tempo todo com profissionais de saúde que também têm um grande respeito por esse grupo da população. Esses jovens querem incorporar a saúde holística e possivelmente o *coaching* de saúde à sua terapia e têm uma ideia de como isso os ajudará de forma concreta. Eles sabem quais são os seus pontos de inflexão e gatilhos, e entendem o que significa estabelecer limites. Essas são apenas algumas das coisas que nossos alunos estão aprendendo com o TikTok, o Google e o YouTube, e estou bastante impressionada."[52]

Quando conversei com pessoas que têm feito esse trabalho com jovens há muito tempo, uma coisa ficou bem clara: tem algo de especial na maneira como os adolescentes estão vivendo e na maneira como estão tentando cuidar do cérebro.

Você tem uma série extraordinária de desafios pela frente que nenhum adulto poderia ter previsto ou desejado para você, mas como um membro da geração mais progressista, diversificada e instruída em problemas de saúde mental de toda a história, está muito bem preparado para fazer nossa sociedade seguir adiante.

Kahn afirma que:

> É possível promover uma mudança real, mas precisamos tomar medidas concretas em todos os níveis – individual, familiar, escolar e social, entre outros – para desmantelar com eficácia as desinformações e os estigmas há muito arraigados. No nível individual e familiar, precisamos não apenas ter consciência de que os problemas de saúde mental, bem como as diferenças em relação ao aprendizado e ao modo de pensar, são reais, mas também dar o apoio de que os adolescentes precisam. Nas escolas, temos de estimular os administradores e educadores a adotarem

novas maneiras de avaliar o aprendizado e o desempenho do aluno. Só quando os adolescentes, e todas as pessoas com diferenças de aprendizagem e pensamento, sentirem-se compreendidos, incluídos e empoderados nos níveis acadêmico, emocional e social, é que saberemos que houve uma mudança positiva de atitudes.[53]

Os anos da adolescência são repletos de mudanças, e por acaso você está vivendo numa época em que o mundo muda na mesma velocidade. Se está lendo isso, é possível que seja um dos muitos jovens que sofrem de ansiedade, depressão ou outro tipo de transtorno mental – e essa é outra mudança em sua vida para a qual teve de se preparar.

Mas, com as ferramentas que tem agora, está muito bem preparado para enfrentar os monstros que surgirem em seu caminho ou no caminho das pessoas importantes na sua vida. E garanto que não me enganei quando disse que eles não são maiores que você.

GLOSSÁRIO

Adrenalina: hormônio liberado pelas glândulas adrenais em situações de estresse que pode acelerar os batimentos cardíacos, o fluxo sanguíneo e a frequência respiratória.

Ansiedade: sentimento profundo de preocupação ou inquietação que persiste além do que seria considerado normal. Um sórdido monstro cerebral.

Capacitismo: discriminação contra pessoas com base em suas capacidades físicas e mentais. Um comportamento reprovável.

Carbonato de lítio: medicamento psiquiátrico utilizado com frequência no tratamento de transtorno bipolar.

Cetamina: medicamento anestésico usado no tratamento de alguns casos de depressão.

Comorbidade: doença que tende a se apresentar simultaneamente com outra.

Coparticipação: pagamento feito pelo segurado para cobrir parte dos custos.

Corpo amigdaloide: ou amígdala, é a parte do cérebro associada ao processamento das emoções.

Córtex pré-frontal: parte do cérebro associada ao controle da atenção, à inibição de impulsos, à memória prospectiva e à flexibilidade cognitiva.

Cortisol: hormônio esteroide produzido pelo córtex das glândulas adrenais.

Depressão: transtorno mental caracterizado por sentimentos extremos e persistentes de tristeza.

Disforia: estado de inquietação, insatisfação e incômodo.

Dopamina: neurotransmissor associado ao prazer, ao aprendizado e à motivação.

Epinefrina: adrenalina.

Estigma: atitudes ou associações negativas que provocam vergonha ou constrangimento social.

Hipocampo: parte do cérebro relacionada com aprendizado e memória.

Hormônio: espécie de mensageiro químico que envia sinais a diferentes sistemas do corpo e desempenha um papel no crescimento, no metabolismo e no humor, entre outros.

Ideação suicida: pensamentos ou planos de tirar a própria vida.

Inibidor seletivo da recaptação de serotonina (ISRSs): antidepressivo que age bloqueando a absorção (ou recaptação) de serotonina. É a classe de antidepressivos mais receitada.

Intervenção de planejamento de segurança: método clínico para a criação de um documento sobre como lidar com uma crise de suicídio enquanto ela acontece.

Medicaid: programa de assistência médica dos Estados Unidos voltado para pessoas de baixa renda.

Medicare: programa de assistência médica dos Estados Unidos voltado para pessoas a partir de 65 anos, pessoas com deficiência e pacientes submetidos a hemodiálise.

Melancolia: termo obsoleto que se referia ao transtorno depressivo maior e descrevia sentimentos de imensa tristeza, perda de interesse e desesperança.

Neurodivergência: termo abrangente usado para descrever pessoas que pensam ou aprendem de modo diferente do padrão considerado "normal".

Neurotransmissor: mensageiro químico que transmite sinais entre as células. Alguns exemplos são acetilcolina, dopamina, ácido gama-aminobutírico, glutamato, histamina, norepinefrina e serotonina.

Ritmo circadiano: processo físico, mental e comportamental que ocorre em um ciclo de vinte e quatro horas.

Ruminação: pensamentos repetitivos e excessivos a respeito de um evento negativo.

Terapia cognitivo-comportamental: forma de terapia cuja abordagem consiste em identificar e modificar padrões de comportamento e pensamento.

Terapia comportamental dialética: tipo de terapia cujo objetivo é desenvolver habilidades de enfrentamento, como meditação *mindfullnes*, controle das emoções e tolerância ao sofrimento, para que o paciente possa aceitar as situações negativas.

Terapia familiar baseada no apego: tipo de terapia cujo objetivo é reparar, reconstruir e reforçar relações positivas entre a criança e os pais ou cuidadores.

Transtorno de personalidade *borderline*: transtorno mental caracterizado por grandes oscilações de humor, deturpação da autoimagem, instabilidade nos relacionamentos e impulsividade.

NOTAS

10 (1) "Os jovens sofreram [...] que os pacientes enfrentam": "Pediatricians, CAPs, and Children's Hospitals Declare National Emergency." American Academy of Child and Adolescent Psychiatry. Disponível em: https://www.aacap.org/aacap/zLatest_News/Pediatricians_CAPs_Childrens_Hospitals_Declare_National_Emergency_Childrens_Mental_Health.aspx. Acesso em: 19 out. 2021.

10-11 (2) "Temos visto um aumento [...] passados os efeitos físicos da pandemia": Anisha Patel-Dunn, entrevista com a autora, 23 mar. 2022.

25-26 (3) "comum, porém grave [...] comer e trabalhar": "Depression." National Institute of Mental Health. Disponível em: https://www.nimh.nih.gov/health/topics/depression/. Acesso em: 14 nov. 2022.

27 (4) "Eu diria [...] mais do que bebiam": Margaret Wehrenberg, entrevista com a autora, 14 mar. 2020.

27 (5) "Acredito que [...] dos próprios sentimentos": Wehrenberg.

29 (6) "descobrindo que os transtornos de ansiedade [...] e outros distúrbios": "What Are Anxiety and Depression?, Anxiety and Depression Association of America." Disponívem em: https://adaa.org/understanding-anxiety. Acesso em: 25 out. 2022.

30 (7) "quadro hereditário com [...] aproximadamente 30%)": Michael G. Gottschalk e Katharina Domschke, "Genetics of Generalized Anxiety Disorder and Related Traits", *Dialogues in Clinical Neuroscience* 19 nº 2 (junho de 2017):159-68. Disponível em: https://www.ncbi.nlm.nih.gov/pmc/articles/PMC5573560/. Acesso em: 21 jul. 2022.

30 (8) "Alguém cujo [...] de 10%)": Douglas F. Levinson e Walter E. Nichols, "Major Depression and Genetics." Stanford Medicine. Disponível em: https://med.stanford.edu/depressiongenetics/mddandgenes.html. Acesso em: 14 nov. 2022.

38 (9) "Muitos adolescentes [...] para manter a segurança": Andrew Kahn, entrevista por *e-mail* com o autor, 30 mar. 2022.

38 (10) "adultos seguros" [...] em seu círculo: Kahn.

51 (11) "A meditação treina o [...] com a meditação": "How Meditation Helps with Depression". Harvard Health Publishing. Disponível

em: https://www.health.harvard.edu/mind-and-mood/how-meditation-helps-with-depression. Acesso em: 12 fev. 2021.

53 (12) "O que quero de fato enfatizar [...] gera muita ansiedade": Patel-Dunn, entrevista.

53 (13) "Eu mesma [...] um profissional de saúde mental": Patel-Dunn.

55 (14) "Desde que [...] ensinavam-no a amar": Fred Rogers, *Won't You Be My Neighbor?*, dirigido por Morgan Neville (Universal City, CA: Focus Features, 2018).

56 (15) "um grupo de pessoas [...] fontes de apoio": "Developing Your Support System," University at Buffalo School of Social Work. Disponível em: https://socialwork.buffalo.edu/resources/self-care-starter-kit/additional-self-care-resources/developing-your-support-system.html. Acesso em: jul. 2022.

57 (16) "Sua rede de apoio [...] poderá nos ajudar": Patel-Dunn, entrevista.

59 (17) "[contribui] para melhorar [...] expandindo as redes sociais de apoio": Bernd Puschner *et al*, "Using Peer Support in Developing Empowering Mental Health Services (UPSIDES): Background, Rationale and Methodology", *Annals of Global Health* 85, nº 1 (abril de 2019): 53. Disponível em: https://www.ncbi.nlm.nih.gov/pmc/articles/PMC6634474/.

60 (18) "Se não é [...] de que precisam.": Seli Fakorzi, entrevista com a autora, 29 mar. 2022.

60 (19) "havia sofrido *bullying*" [...] fizesse terapia: Fakorzi.

60 (20) "Sua comunidade [...] de que precisava": Fakorzi.

62 (21) "Acho que [...] até mesmo para os idosos": Patel-Dunn, entrevista.

63 (22) "Se você tem lidado [...] que é um incômodo": Patel-Dunn.

71 (23) "A prevalência [...] é de 40%": Sandy E. James *et al*. "2015. U.S. Transgender Survey (USTS)." Inter-university Consortium for Political and Social Research. Disponível em: https://doi.org/10.3886/ICPSR37229.v1. Acesso em: 22 maio 2019.

71 (24) "considerou seriamente" [...] Suicide Prevention Resource Center: "Preventing Suicide: The Role of High School Mental Health Providers." Suicide Prevention Resource Center. Disponível em: https://sprc.org/sites/default/files/resource-program/Role%20of%20HS%20MH%20Providers%209_22.pdf. Acesso em: maio 2019.

72 (25) "O uso cada vez maior de [...] está aumentando": Alicia VanOrman e Beth Jarosz, "Suicide Replaces Homicide as Second-Leading Cause of Death among U.S. Teenagers." Population

Reference Bureau, 9 de junho de 2016. Disponível em: https://www.prb.org/resources/suicide-replaces-homicide-as-second-leading-cause-of-death-among-u-s-teenagers/. Acesso em: 2 nov. 2022.

77 (26) "Estamos vivendo [...] em muitos aspectos": Patel-Dunn, entrevista.

78 (27) Intervenções breves [...] períodos de alto risco. "Brief Interventions for Managing Suicidal Crises." American Foundation for Suicide Prevention. Disponível em: https://afsp.org/brief-interventions-for-managing-suicidal-crises. Acesso em: 14 nov. 2022.

84 (28) "o grau com que [...] reagem a ela: "*APA Dictionary of Psychology*." American Psychological Association, s.v. "selfesteem (n.)." Disponível em: https://dictionary.apa.org/self-esteem. Acesso em: 15 fev. 2021.

84 (29) "De modo geral [...] autoestima mais baixa": Melanie Fennell e Maria Loades, "The Overlap between Low Self-Esteem and Anxiety/Depression in CAMHS." Association for Child and Adolescent Mental Health. Disponível em: https://www.acamh.org/research-digest/self-esteem-anxiety-depression/. Acesso em: 10 jan. 2022.

85 (30) "a baixa autoestima tende [...] depressão e ansiedade".: Anne Gold, "Why Self-Esteem Is Important for Mental Health." National Alliance on Mental Illness. Disponível em: https://www.nami.org/Blogs/NAMI-Blog/July-2016/Why-Self-Esteem-Is-Important-for-Mental-Health. Acesso em: 12 jul. 2016.

86 (31) "O termo 'neurodivergente [...] e outros distúrbios". "Neurodivergent: What It Is, Symptoms & Types." Cleveland Clinic. Disponível em: https://my.clevelandclinic.org/health/symptoms/23154-neurodivergent. Acesso em: 2 jun. 2022.

87 (32) "os adolescentes neurodivergentes têm [...] que eles". Kahn, entrevista.

87 (33) "Mostrar aos adolescentes neurodivergentes [...] aos seus pares". Kahn.

98 (34) "Cinco minutos depois [...] "conferindo tudo".: Katelyn D., entrevista com a autora, 17 set. 2019.

101 (35) "As crianças que [...] como todos nós". Cara Natterson, entrevista com a autora, 1º fev. 2020.

102 (36) "sintomas acentuados de déficit de atenção [...] e sono fragmentado": "Brain Health Consequences of Digital Technology Use." NCBI. Disponível em: https://www.ncbi.nlm.nih.gov/pmc/articles/PMC7366948. Acesso em: 21 jul. 2022.

103 (37) "Algumas pesquisas [...] coletar dados impressionantes". Leslie Carr, entrevista com a autora, 25 maio 2022.

103 (38) "Acho que estamos [...] na história da humanidade". Carr.

104 (39) "Existem os meios de comunicação [...] nem um pouco saudável". Carr.

107 (40) "é quase mais fácil [...] de 'vida'": "Bo Burnham vs. Jeff Bezos," YouTube vídeo, 01:18:04, publicado por CJ the X. Disponível em: https://www.youtube.com/watch?v=UvYcunuF3Eo. Acesso em: 20 ago. 2021.

107 (41) "Quanto mais presentes [...] no cérebro". Carr, entrevista.

108 (42) "de modo geral, existem [...] nossa postura em relação a ela". Jelena Kecmanovic, entrevista com a autora, 31 ago. 2019.

109 (43) "Se você tiver [...] são mais sérias", Kecmanovic.

109 (44) "desconexão total": Michelle Gorea e Vincenzo Alaimo, "Teens and Technology: A Guide to Digital 'Detoxing." *Psychology Today*. Disponível em: https://www.psychologytoday.com/us/blog/being-your-selfie/202105/teens-and-technology-guide-digital-detoxing. Acesso em: 1º maio 2021.

112 (45) "Adquirir o hábito [...] uma hora antes de ir para a cama". Gorea e Alaimo.

114 (46) "Digamos que uma pessoa [...] essas coisas". Kecmanovic, entrevista.

118 (47) "Em geral, os personagens [...] que vemos nos filmes". Stacey L. Smith, "Mental Health Conditions across 200 Popular Films: A Research Update from 2016 to 2019." USC Annenberg Inclusion Initiative. Disponível em: https://assets.uscannenberg.org/docs/aii-mental-health-2022-05-02.pdf. Acesso em: 5 de maio de 2022.

119-120 (48) "Pessoas de todos os contextos [...] e desenvolvimento". Smith.

122 (49) "Nós, profissionais de saúde mental [...] com as quais se identificam.": Patel-Dunn, entrevista.

126 (50) "O que a pandemia [...] e nossa experiência": Patel-Dunn.

126 (51) "tratamento ou terapia [...] um profissional de saúde mental". Sophie Bethune, "Gen Z More Likely to Report Mental Health Concerns." *Monitor on Psychology* 50, nº 1. Disponíve em: https://www.apa.org/monitor/2019/01/gen-z. Acesso em: jan. 2019.

128 (52) "Estou impressionada. Estou [...] estou bastante impressionada". Fakorzi, entrevista.

128-129 (53) "É possível promover [...] mudança positiva de atitudes.": Kahn, entrevista.

BIBLIOGRAFIA SELECIONADA

"Adolescent Mental Health." World Health Organization. Disponível em: https://www.who.int/news-room/fact-sheets/detail/adolescent-mental-health. Acesso em: 17 nov. 2021.

Anderson, Monica; Jiang, Jingjing. "Teens, Social Media and Technology 2018." Pew Research Center. Disponível em: https://www.pewresearch.org/internet/2018/05/31/teens-social-media-technology-2018/. Acesso em: 31 maio 2018.

"Anxiety Disorders." National Alliance on Mental Illness. Disponível em: https://www.nami.org/About-Mental-Illness/Mental-Health-Conditions/Anxiety-Disorders. Acesso em: dez. 2017.

"Are Our Devices Turning Us into a New Kind of Human?" NPR. Disponível em: https://www.npr.org/transcripts/438944317. Acesso em: 11 set. 2015.

Boonstra, Heather D.; Nash, Elizabeth. "Minors and the Right to Consent to Health Care." *Guttmacher Policy Review* 3, nº 4. Disponível em: https://www.guttmacher.org/gpr/2000/08/minors-and-right-consent-health-care. Acesso em: 1º ago. 2000.

Brogan, Jan. "Teens' Brains Make Them More Vulnerable to Suicide." *Boston Globe*. Disponível em: https://www.bostonglobe.com/lifestyle/health-wellness/2014/03/09/brain-development-makes-teens-more-vulnerable-suicide-and-mood-disorders/tGBStHOnjqAyanfCe7rbsK/story.html. Acesso em: 9 mar. 2014.

Bryan, Craig J. "About the Crisis Response Plan." Crisis Response Planning for Suicide Prevention. Disponível em: https://crpforsuicide.com/about. Acesso em: 14 nov. 2022.

Bunch, Lisa N.; Bandekar, Amogh U. "Uninsured Rates for Children in Poverty Increased 2018-2020." US Census Bureau. Disponível em: https://www.census.gov/library/stories/2021/09/uninsured-rates-for-children-in-poverty-increased-2018-2020.html. Acesso em: 14 set. 2021.

Conron, Kerith J.; O'Neill, Kathryn. "Prohibiting Gender-Affirming Medical Care for Youth." UCLA School of Law Williams Institute. Disponível em: https://williamsinstitute.law.ucla.edu/wp-content/uploads/Trans-Youth-Health-Bans-Feb-2020.pdf. Acesso em: 21 jul. 2022.

Conroy, Jessica; Lin, Luona; Ghaness, Amrita. "Why People Aren't Getting the Care They Need." *Monitor on Psychology* 51, nº 5 (jul. 2020): 21. Disponível em: https://www.apa.org/monitor/2020/07/datapoint-care.

Crane, Rebecca. *Mindfulness-Based Cognitive Therapy*. 2ª ed. Nova York: Routledge, 2017. Disponível em: https://doi.org/10.4324/9781315627229.

Crocq, Marc-Antoine. "A History of Anxiety: From Hippocrates to DSM." *Dialogues in Clinical Neuroscience* 17, nº 3 (set. 2015): 319-25. Disponível em: https://doi.org/10.31887/DCNS.2015.17.3/macrocq.

"Culture Counts: The Influence of Culture and Society on Mental Health." In *Mental Health: Culture, Race, and Ethnicity: A Supplement to Mental Health: A Report of the Surgeon General*. Rockville (MD): United States Substance Abuse and Mental Health Services Administration, 2001. Disponível em: https://www.ncbi.nlm.nih.gov/books/NBK44249/.

Davis, Daphne M.; Hayes, Jeffrey A. "What Are the Benefits of Mindfulness?" *Monitor on Psychology* 43, nº 7 (jul./ago. 2012): 64. Disponível em: https://www.apa.org/monitor/2012/07-08/ce-corner/.

Dawson, Lindsey; Kates, Jennifer; Musumeci, MaryBeth. "Youth Access to Gender Affirming Care: The Federal and State Policy Landscape." KFF. Disponível em: https://www.kff.org/other/issue-brief/youth-access-to-gender-affirming-care-the-federal-and-state-policy-landscape/. Acesso em: 1º jun. 2022.

"Disparities in Suicide." Centers for Disease Control and Prevention. Disponível em: https://www.cdc.gov/suicide/facts/disparities-in-suicide.html. Acesso em: 29 mar. 2022.

Gottschalk, Michael G.; Domschke, Katharina. "Novel Developments in Genetic and Epigenetic Mechanisms of Anxiety." *Current Opinion in Psychiatry* 29, nº 1 (jan. 2016): 32-8. Disponível em: https://doi.org/10.1097/YCO.0000000000000219.

Harris, Aisha. "A History of Self-Care." Slate. Disponível em: http://www.slate.com/articles/arts/culturebox/2017/04/the_history_of_self_care.html. Acesso em: 5 abr. 2017.

Horowitz, Juliana M., Graf, Nikki. "Most U.S. Teens See Anxiety and Depression as a Major Problem among Their Peers." Pew Research Center. Disponível em: https://www.pewresearch.org/social-trends/2019/02/20/most-u-s-teens-see-anxiety-and-depression-as-a-major-problem-among-their-peers/. Acesso em: 20 fev. 2019.

Jacobson, Rae. "Should Kids Take Mental Health Days?" Child Mind Institute. Disponível em: https://childmind.org/article/should-kids-take-mental-health-days/. Acesso em: 15 set. 2022.

Johns, Michelle M. "Transgender Identity and Experiences of Violence Victimization, Substance Use, Suicide Risk, and Sexual Risk Behaviors among High School Students — 19 States and Large Urban School Districts, 2017."

Morbidity and Mortality Weekly Report 68, nº 3 (25 jan. 2019): 67-71. Disponível em: https://www.cdc.gov/mmwr/volumes/68/wr/mm6803a3.htm.

Kann, Laura; Olsen, Emily O'Malley; McManus, Tim; Kinchen, Steve; Chyen, David; Harris, William A.; Wechsler, Howell; e o CDC. "Sexual Identity, Sex of Sexual Contacts, and Health-Risk Behaviors among Students in Grades 9–12 — Youth Risk Behavior Surveillance, Selected Sites, United States, 2001–2009." *Morbidity and Mortality Weekly Report* 60, nº 7 (jun. 2011):1–133. Disponível em: https://pubmed.ncbi.nlm.nih.gov/21659985/.

Keisler-Starkey, Katherine; Bunch, Lisa N. "Health Insurance Coverage in the United States: 2020." (Current Population Reports Nº P.60-274). Washington, DC: United States Census Bureau. Disponível em: https://www.census.gov/library/publications/2021/demo/p60-274.html. Acesso em: 14 set. 2021.

Keller, Sarah; McNeill, Vanessa; Tran, Tan. "The Perceived Stigma Reduction Expressed by Young Adults in Response to Suicide Prevention Videos." *International Journal of Environmental Research and Public Health* 18, nº 12 (jun. 2021): 6180. Disponível em: https://www.ncbi.nlm.nih.gov/pmc/articles/PMC8229221/.

Kelvens, Carissa. "Fear and Anxiety." California State University–Northridge. Disponível em: http://www.csun.edu/~vcpsy00h/students/fear.htm. Acesso em: 29 mar. 2022.

Kuzminskaite, Erika; Penninx, Brenda W. J. H.; van Harmelen, Anne-Laura; Elzinga, Bernet M.; Hovens, Jacqueline G. F. M.; Vinkers, Christiaan H. "Childhood Trauma in Adult Depressive and Anxiety Disorders: An Integrated Review on Psychological and Biological Mechanisms in the NESDA Cohort." *Journal of Affective Disorders* 283 (mar. 2021): 179-91. Disponível em: https://doi.org/10.1016/j.jad.2021.01.054.

Mandell, Wallace. "Origins of Mental Health." Johns Hopkins Bloomberg School of Public Health. Disponível em: https://publichealth.jhu.edu/departments/mental-health/about/origins-of-mental-health. Acesso em: 21 jul. 2022.

"Mental Health Disparities: Diverse Populations." American Psychiatric Association. Disponível em: https://www.psychiatry.org/psychiatrists/cultural-competency/education/mental-health-facts. Acesso em: 14 nov. 2022.

"Mott Poll Report." *National Poll on Children's Health* 37, nº 15 (18 jan. de 2021). Disponível em: https://mottpoll.org/reports/teens-talking-teens-about-mental-health.

Negele, Alexa; Kaufhold, Johannes; Kallenbach, Lisa; Leuzinger-Bohleber, Marianne. "Childhood Trauma and Its Relation to Chronic Depression in Adulthood." *Depression Research and Treatment* (2015). Disponível em: https://doi.org/10.1155/2015/650804.

Oar, Ella L.; Johnco, Carly; Ollendick, Thomas H. "Cognitive Behavioral Therapy for Anxiety and Depression in Children and Adolescents." *Psychiatric Clinics of North America* 40, nº 4 (dez. 2017): 661-74. Disponível em: https://doi.org/10.1016/j.psc.2017.08.002.

Parker, Kim; Igielnik, Ruth. "On the Cusp of Adulthood and Facing an Uncertain Future: What We Know about Gen Z So Far." Pew Research Center. Disponível em: https://www.pewresearch.org/social-trends/2020/05/14/on-the-cusp-of-adulthood-and-facing-an-uncertain-future-what-we-know-about-gen-z-so-far. Acesso em: 14 maio 2020.

Pfeiffer, Paul N.; Heisler, Michele; Piette, John D.; Rogers, Mary A. M.; Valenstein, Marcia. "Efficacy of Peer Support Interventions for Depression: A Meta-Analysis." *General Hospital Psychiatry* 33, nº 1. (jan./fev. 2011): 29-36. Disponível em: https://doi.org/10.1016/j.genhosppsych.2010.10.002.

"Psychotherapy for Children and Adolescents: Different Types." American Academy of Child and Adolescent Psychiatry. Disponível em: https://www.aacap.org/AACAP/Families_and_Youth/Facts_for_Families/FFF-Guide/Psychotherapies-For-Children-And-Adolescents-086.aspx. Acesso em: abr. 2019.

Ramachandran, Naman; Wallenstein, Andrew. "Positive On-Screen Mental Health Portrayals Help Teens Discuss Issues, Survey Finds." *Variety*. Disponível em: https://variety.com/2021/film/global/teen-mental-health-bbfc-uk-1235069823/. Acesso em: 21 set. 2021.

"Safety Plan." My Safety Plan. Disponível em: https://www.mysafetyplan.org/static/NationalSPA-c4a86b10761e54a2dd835519b48ff479.pdf. Acesso em: 14 nov. 2022.

Shelton, Deborah; Kesten, Karen; Zhang, Wanli; Trestman, Robert. "Impact of a Dialectic Behavior Therapy — Corrections Modified (DBTCM) upon Behaviorally Challenged Incarcerated Male Adolescents." *Journal of Child and Adolescent Psychiatric Nursing* 24, nº 2 (abr. 2011): 105-13. Disponível em: https://doi.org/10.1111/j.1744-6171.2011.00275.x.

Simon, Robert I. "Passive Suicidal Ideation: Still a High-Risk Clinical Scenario." *Current Psychology* 13, nº 3 (mar. 2014): 13-5. Disponível em: https://cdn.mdedge.com/files/s3fs-public/Document/September2017/013_0314CP_Commentary_FINAL.pdf. Acesso em: 21 de julho de 2022.

Straub, Joana; Brown, Rebecca; Malejko, Kathrin; Bonenberger, Martina; Grõn, Georg; Piener, Paul L.; Abler, Birgit. "Adolescent Depression and Brain Development: Evidence from Voxel-Based Morphometry." *Journal of Psychiatry & Neuroscience* 44, nº 4 (jul. 2019): 237-45. Disponível em: https://doi.org/10.1503/jpn.170233.

"Substance Abuse and Mental Health Services Administration. "Key Substance Use and Mental Health Indicators in the United States: Results from the 2020 National Survey on Drug Use and Health." (HHS Publication Nº PEP21-07-01-003, NSDUH Series H-56). Outubro 2021. Rockville, MD: Center for Behavioral Health Statistics and Quality, Substance Abuse and Mental Health Services Administration. Disponível em: https://www.samhsa.gov/data/sites/default/files/reports/rpt35325/NSDUHFFRPDFWHTMLFiles2020/2020NSDUHFFR1PDFW102121.pdf.

"Teen Brain: Behavior, Problem Solving, and Decision Making." American Academy of Child and Adolescent Psychiatry. Disponível em: https://www.aacap.org/AACAP/Families_and_Youth/Facts_for_Families/FFF-Guide/The-Teen-Brain-Behavior-Problem-Solving-and-Decision-Making-095.aspx. Acesso em: set. 2017.

"Teen Suicide." Johns Hopkins Medicine. Disponível em: https://www.hopkinsmedicine.org/health/conditions-and-diseases/teen-suicide. Acesso em: 14 nov. 2022.

"What Are the Five Major Types of Anxiety Disorders?" US Department of Health and Human Services. Disponível em: https://www.hhs.gov/answers/mental-health-and-substance-abuse/what-are-the-five-major-types-of-anxiety-disorders/index.html. Acesso em: 12 fev. 2014.

"What Is Depression?" Anxiety & Depression Association of America. Disponível em: https://adaa.org/understanding-anxiety/depression. Acesso em: 10 nov. 2022.

Winerman, Lea. "By the Numbers: Antidepressant Use on the Rise." *Monitor on Psychology* 48, nº 10 (nov. 2017): 120. Disponível em: https://www.apa.org/monitor/2017/11/numbers.

Yard, Ellen; Radhakrishnan, Lakshmi; Ballesteros, Michael F.; Sheppard, Michael; Gates, Abigail; Stein, Zachary; Hartnett, Kathleen *et al.* "Emergency Department Visits for Suspected Suicide Attempts among Persons Aged 12-25 Years before and during the COVID-19 Pandemic — United States, janeiro de 2019 — maio de 2021." *Morbidity and Mortality Weekly Report* 70, nº 24 (18 jun. 2021): 888-94. Disponível em: https://www.cdc.gov/mmwr/volumes/70/wr/mm7024e1.htm.

INFORMAÇÕES ADICIONAIS

The Crisis Text Line (Linha de Texto da Crise)
https://www.crisistextline.org/.
Se falar ao telefone é uma barreira para você, o Crisis Text Line é um serviço de vinte e quatro horas por dia, sete dias por semana, que permite que você converse por mensagens de texto com alguém que pode ajudá-lo em uma emergência de saúde mental. Basta enviar HOME para 741741 para se conectar. O *site* do serviço também fornece recursos para você aprender mais sobre a saúde mental e oportunidades de voluntariado.

The Jed Foundation (A Fundação Jed)
https://jedfoundation.org/.
Esse centro de recursos de saúde mental foi criado para jovens e fornece os serviços de que você precisa para prosperar além de uma crise imediata. O menu tem duas opções: "I Need Hep e I Want to Help" (Preciso de ajuda e Quero ajudar). Clique na que mais lhe agrada.

***Mindfulness* for Teenager (*Mindfulness* para Adolescentes)**
https://www.mindfulnessforteens.com/.
Criado pelo dr. Dzung Vo, um pediatra especializado em medicina para adolescentes, o *Mindfulness* para Adolescentes fornece recursos para aprender sobre *mindfulness*, bem como maneiras de meditar. Esse *site* é apenas um dos muitos sobre *mindfulness*, então se você não estiver gostando do estilo, confira o YouTube ou outros aplicativos do seu telefone para mais meditações. Você pode até ter um centro de meditação por perto, então tente pesquisar "centro de meditação" no Google Maps se preferir uma experiência presencial.

National Alliance on Mental Illness (Aliança Nacional sobre Doenças Mentais)
https://nami.org/.
Esse grupo de combate ao adoecimento mental é dedicado à educação, à desestigmatização e ao fornecimento de recursos. Há também capítulos locais para você se envolver na vida real.

***Psychology Today's* Find a Therapist Tool (Ferramenta Encontre um Terapeuta da *Psychology Today*)**
https://www.psychologytoday.com/us/therapists.
Muitos terapeutas, psicólogos e psiquiatras estão listados no *site* dessa publicação popular. Para encontrar terapeutas perto de você e aprender sobre suas especialidades, digite seu código postal na barra de pesquisa ou role para pesquisar por estado. O perfil de cada terapeuta informará o que você precisa saber, incluindo serviços fornecidos, informações de contato, credenciais e custos.

The Suicide and Crisis Lifeline (Linha da Vida para Prevenção de Suicídio e Crises)
https://suicidepreventionlifeline.org/.
Discar 988 no seu telefone conectará você ao The Suicide and Crisis Lifeline, um serviço vinte e quatro horas por dia, sete dias por semana, projetado para

ajudar você em uma crise de saúde mental ou emergência. Você também pode discar (800) 273-8255, o número mais antigo do mesmo Lifeline. O *site* do Lifeline também tem recursos para identidades específicas que você pode ter, como ser LGBTQ+ ou neurodivergente.

The Trevor Project (O Projeto Trevor)
https://www.thetrevorproject.org/.
The Trevor Project é uma organização sem fins lucrativos que trabalha para prevenir o suicídio entre jovens LGBTQ+. O *site* deles fornece acesso a conselheiros com apenas um clique de um botão, guias para "sair do armário" e uma comunidade *on-line* de pessoas LGBTQ+ com idades entre 13 e 24 anos de todo o mundo. Se precisar, você pode fechar o *site* rapidamente com um atalho prático: pressione a tecla Esc no seu teclado três vezes.

Understood.org
https://www.understood.org/.
Esse recurso é para jovens neurodivergentes e tem como objetivo ajudá-los a encontrar recursos, comunidades e estratégias para aceitar e celebrar suas diferenças.

No Brasil:

Centro de Valorização da Vida (CVV)
https://cvv.org.br/.
Você pode entrar em contato pelo telefone 188, que funciona vinte e quatro horas por dia, sete dias por semana e sem custo de ligação. É possível entrar em contato também por *chat*, *e-mail* ou pessoalmente em alguns endereços.

Centros de Atenção Psicossocial (CAPS)
https://www.gov.br/saude/pt-br/composicao/saes/desmad/raps/caps.
Os Centros de Atenção Psicossocial oferecem serviços de saúde abertos para a comunidade. Têm uma equipe diversificada que atende às necessidades de saúde mental da população, como o uso de álcool e outras drogas. Esses serviços têm como foco ajudar pessoas em situações difíceis ou no processo de reabilitação psicossocial.

Unidades Básicas de Saúde (UBS)
https://capital.sp.gov.br/web/saude/w/estabelecimento_saude/311233.
As Unidades Básicas de Saúde (UBS) são a porta de entrada para o Sistema Único de Saúde (SUS) e oferecem serviços que englobam a Atenção Primária, contribuindo para o aumento da qualidade de vida, promoção da saúde e para a redução dos encaminhamentos aos hospitais, além de consultas com médicos e enfermeiros, oficinas de planejamento familiar, grupos educativos e de atividades físicas, orientação sobre alimentação saudável e outros.

Rede Pode Falar
Canal de Escuta Acolhedora para Adolescentes e Jovens.
https://www.podefalar.org.br/.

ÍNDICE REMISSIVO